媒體與政治（上）

何國華◎著

當傳統報業不敵電視收視的同時，免費報與部落格等新興傳播科技，也正伴隨著公共編輯思維逐步瓜分媒體市場。

媒體與政治的競合關係，也導引了新聞自由與民主發展的路徑。這本書，就是要與大家分享每一則仍在發展中的新聞故事。

台灣媒體的下一步

　　當台灣媒體焦點長期陷溺於綜藝化、娛樂化與八卦化，面對缺乏知識性和國際性新聞議題的責難之際，不少人可能都很好奇，台灣的媒體究竟要引領這個島嶼走向何處？

　　二〇〇四年五月，我前往雅典，出席國際記者聯盟會議。當執委會議召開的時候，我和來自伊拉克庫德斯坦記協代表闢室訪談，還記得他手握行動電話告訴我，這是「Made in Taiwan」的產品，他說伊拉克庫德區內的很多民生必須品都來自台灣，他雖然沒有到過台灣，但對台灣政治民主與新聞自由的成就卻是耳熟能詳。

　　庫德人曾自嘲：「庫德人是沒有朋友的民族」。但在這次的年會上，庫德斯坦記協卻是努力結交朋友，積極向全球發聲，他們更期待藉由媒體網絡的建立，強力為自己的語言、文化與歷史奮鬥。

　　這次的訪談給了我一些啟發，嘗試多面向觀照不同國家的媒體現況與民主發展，並於各媒體陸續刊登。

　　「媒體觀察」所撰寫的評論，有些是個人親身訪談，有些是經驗觀察。

　　第一篇內容，從有感於尼泊爾國王賈南德拉發動政變，到尼泊爾記協境遇說起，點出了尼泊爾是「記者工作最危險的國家」。今年有幸與尼泊爾KUJ記協會長Ayub Jan Sarhandi面對面討論尼泊爾媒體現況，對尼泊爾也才有了更深一層的認識。

　　二〇〇四年在印尼新聞記協安排下，前往印尼國營電視台RCTI，與二〇〇三年六月二十九日遭「GAM」游擊組織綁架，直到二〇〇四年五月中旬始獲釋的電視攝影記者Ferry Santoro對

話，寫出了〈戰地記者踩到新聞地雷〉一文。

印象中，他最深刻的一句感嘆是，雖然與交戰雙方都熟識，但是Ferry Santoro在亞齊省的採訪仍須面對複雜的衝突環境，「因為沒有任何一方會滿意你的電視採訪報導，雙方永遠不滿意為何衝突的另一方，比自己受訪播出的時間還要長。」

此外，因為曾經開辦台灣第一份捷運報，瞭解到當傳統主流報紙面臨讀者逐漸老化的困境時，因應年輕人閱讀習慣的免費報陸續在全球出現，使得免費報紙儼然成為新興潮流與年輕化的代名詞，所以寫出了「免費報全球開戰」的媒體觀察。

也因為過去幾年前往包括CNN、路透社、法新社等媒體交流，以及曾經擔任電視採訪主管的經歷，當面對台灣各個電視台國際新聞，長期依賴西方媒體，新聞選材以影劇流行、趣味八卦為主時，有感而發的寫出「台灣國際視野打不開」，提出個人對國際新聞製播想法。

新加坡總理李顯龍曾指責臺灣媒體常是信口開河、思想偏狹的一群，「因為報紙上幾乎全是島內新聞，鮮少報導國際形勢。」

台積電董事長張忠謀在與紐約時報發行人Arthur O. Sulzberger, Jr. 對話時，也期盼台灣媒體能夠多報導國際新聞，增加國際評論。

對此不一而足的責難，還記得我在評論尼泊爾媒體時曾寫到，「這一代的台灣人早已不再迷信權威，甚至敢於向權力嗆聲，一切就像呼吸一樣的視為理所當然，不必擔心會有任何後果發生，現在的尼泊爾，要趕上台灣的自由民主，最起碼還要數十年的時間。」

「但是，對比這個有超過四成人口生活在貧窮線以下的國

家而言，就令人不得不佩服尼泊爾新聞工作者，為爭取新聞自由與言論自由，陷於危險邊緣卻仍前仆後繼、毫無懼色的勇氣與毅力。」

兩相對比，台灣媒體的下一步應該如何走下去？

身為公民社會的一分子，這可能是每一個人都必須正視的問題。

本書所收錄的文章，散見於各媒體，正是近年來個人的一點心得彙整，除寄望能夠持續惕勵自己的反省反思以外，更期待藉由更多媒體人的努力，提供閱聽人更多元的新聞觀點。

（二○○五年十月於木柵）

媒體與政治（上）—目錄

第壹章

全球媒體生態

一、記者工作最危險的國家

尼泊爾政變，逮捕殺害新聞工作者引發國際強烈譴責。

〈Media Watch媒體觀察─尼泊爾Nepal〉

（編按）毛派分子與政府軍內戰頻仍情況下，尼泊爾新聞自由遭到持續威脅，面對變局，國際記者聯盟強調，「民主的政府，自由而獨立的媒體，才是和平解決尼泊爾內戰衝突的關鍵答案。」

尼泊爾二〇〇四年初政變，令全球輿論嘩然，這個山中國度政治動亂以來，持續緊繃，賈南德拉（Gyanendra）國王下令切斷全國電話、網路與衛星通訊，封鎖媒體，鎮壓學生，隔絕外界聯繫，甚至根據電視拍攝畫面按圖索驥，逮捕抗議群眾等等極端作為，令國際反感，也使尼國深陷困境難以自拔。

軍情系統，全面監控異議媒體

面對一片肅殺、閉鎖，尼泊爾國內持續傳遞出微弱訊息，人民期待恢復憲政秩序與和平生活。對此，聯合國與歐盟等國家在三月十八日發表聲明，警告尼泊爾當局必須改弦易轍，儘速擺脫可能的人道危機當中。

尼泊爾記者協會（Federation of Nepalese Journalists），二月四日首先發表公開信，譴責賈南德拉與軍方所進行的這場政治豪賭，不但破壞了得之不易的民主架構，更陷尼國人民與國家利益於重大危機當中。

尼泊爾軍方隨即於五日起進行大規模逮捕，除拘捕記協秘書長尼疏力（Bishnu Nisthuri）與相關人員之外，會長達哈（Tara

Nath Dahal）也傳出在進入聯合國辦公室，尋求政治庇護時遭到逮捕。

達哈最終幸運的躲過軍方逮捕，藏身於一處隱密安全地點，尼疏力則是透過管道向外傳遞求助信函，指出多數尼泊爾媒體已遭到查禁，媒體工作者面臨集體失業危機，亟待各國新聞組織聲援施壓。

美國駐尼泊爾大使三月十六日也提出呼籲，要求尼泊爾國王賈南德拉與各個政黨團結一致，共度此一政治危機，他警告如果緊張情勢持續，毛派將是最後的勝利者。

由於不滿王室奪權與反民主做法，尼國在國際上最主要的支持者，美國、英國、印度已揚言將暫緩經援補助，美國要求尼國政府立即恢復新聞自由，釋放被捕的異議人士。

國際記者聯盟（International Federation of Journalists）也指出，尼泊爾皇室在發布緊急命令當天，隨即召集位於加德滿都的各報社總編輯，告知各個媒體，所有的報導都必須經過新聞檢查過程，確認報導內容後才得以發行，言論如指涉批判賈南德拉的政策內涵都將受到處分，但是《Rajhdani》（尼泊爾語日報）仍表現出高度專業勇氣，公開披露二月一日動亂當天所有遭到逮捕者的名單。

軍情系統為此進行強力反制，全面監控異議媒體，其中，極力主張反君權的媒體《Jan Ashta Weekly》已有一名中校級軍官進駐，然而這只是新聞干預其中的一個顯著例子罷了。媒體只要拒絕軍方監管，隨時都有可能面臨人員被捕、媒體被迫關閉的危險。

▌箝制言論，司法權限轉至警政

　　對比首都情形，距離加德滿都二百公里之遙的波卡拉地區，軍方則是逕行接管或是關閉各家電台及報社，後續發展只能「靜待通知」。根據軍方說法，「告知全民最新資訊，是加德滿都各媒體的責任，這段期間，地方報紙可以不必再發行了。」

　　「全國進入緊急狀態」的第一天，軍方同時接管了尼泊爾兩家電信公司，分別是Nepal Telecom和UTL，以有效掌控所有網路內容服務及手機內容服務業者，防範人際溝通與群眾串聯。

　　針對尼泊爾媒體窘況，無國界記者組織二〇〇四年初所發布的年度報告即指出，四名尼泊爾記者自二〇〇二年遭到綁架迄今仍未獲釋，生死難料。

　　國際記者聯盟資料也顯示，二〇〇四年，全球共有一百二十九名記者殉職，尼泊爾是排名在伊拉克、菲律賓、斯里蘭卡之後最危險的國家之一，自二〇〇一年十一月到二〇〇二年八月，已有超過一百名記者被捕，部分人更遭到迫害凌虐，二〇〇二年五月，九名媒體工作者則是慘遭殺害，上百人受到恐嚇與攻擊。

　　為了進行有效的言論箝制，尼國當局在三月時，首度發布改變司法審訊方式的相關內容，將原本由地方司法體系的權限，轉移至警政系統的「刑事部門」（Crime Investigation Division）執行，國際記者聯盟會長克里斯多福・華倫（Christopher Warrant）指責此一做法，不啻為執政當局擴大逮捕與起訴記者行為，大開方便之門。

　　第一位遭到此一方式審訊的是《Kantipur》記者瓦吉（Walge），他因為在三月十五日的報紙一版當中，報導政府逮捕了七百五十名和平示威者的新聞，尼國內務部在出刊當天即發表聲明駁斥，指斥此一新聞內容過於誇大，撰稿記者隨即在十六日被控以違

反當局二月一日所發布的「皇室文告」（Royal proclamation）精神，遭到傳喚並在十七日進行約談。

瓦吉表示，刑事部門並未要求他簽署任何文件，僅表示約談目的在「討論」新聞報導相關內容，但是瓦吉告訴刑事部門，「你們無權指導我們應該發行什麼樣內容的新聞，如果當局對出版內容有任何意見，應該循正常管道，透過新聞委員會提出。」

尼國政府的此一動作，被視為是防堵毛派反叛團體的必要之惡。

▌國際發聲，停止干擾新聞自由

設在紐約的保護記者組織（Committee to Protect Journalists）對此，則是明白要求尼國當局停止此一持續干擾記者新聞自由的不當行為。

尼泊爾記者協會也在十六日的全國言論自由日當天，致函當局要求解除緊急命令、恢復新聞自由。

面對尼泊爾媒體困境，國際記者聯盟也在達卡所召開的「南亞媒體團結大會」上，進行公開串聯聲援。

此外，在致賈南德拉的公開信中，國際記者聯盟也強調，「民主的政府，自由而獨立的媒體，才是和平解決尼泊爾內戰衝突的關鍵答案。」

賈南德拉以憲法、民主、人民福祉之名，行監禁在野領袖、軟禁閣員、獨裁統治之實，已讓這個山中之國陷入危域當中。尼泊爾記協強調，他們願以無比勇氣和決心對抗的主要目的，就在於確保人民「知的權利」。

事實上，毛派游擊分子與政府軍的連年戰火，已令尼國境內一萬一千人喪生，人心惶惶，不可終日，這樣的不安情勢已導致

七百所學校關閉，「因為，你永遠不知道炸彈會在何時或是何地爆炸。」

《Samay》雜誌編輯吉米力（Yubraj Ghimire）也指出，尼泊爾最大的問題，就是國內暴力衝突不斷，以及政府刻意漠視人權，「國王應該放棄以武力奪取政權的想法。」

國際法學會（International Committee of Jurists）同樣的強力譴責賈南德拉國王，指其以緊急命令之名行獨裁之實，大肆逮捕新聞記者、政治異議分子與人權工作者，卻無視人民期待，陷國家於未知的危境當中。

▋爭取自由，前仆後繼毫無懼色

這一代的台灣人早已不再迷信權威，甚至敢於向權力嗆聲，一切就像呼吸一樣的視為理所當然，不必擔心會有任何後果發生，現在的尼泊爾，要趕上台灣的自由民主，最起碼還要數十年的時間。

但是，對比這個有超過四成人口生活在貧窮線以下的國家而言，就令人不得不佩服尼泊爾新聞工作者，為爭取新聞自由與言論自由，陷於危險邊緣卻仍前仆後繼、毫無懼色的勇氣與毅力。

二、信、謊言、錄音帶

記者岡格德茲懸案遲遲不見水落石出，尤申科究竟該如何面對？

〈Media Watch媒體觀察─岡格德茲懸案Ukraine〉

（編按）一名小記者挑戰烏克蘭大總統，結果造成頭斷屍毀的慘劇，在烏克蘭，這已經不是頭一遭，新聞工作者成了政爭下的被害者。經過政黨輪替執政，這一起全球關注的岡格德茲「無頭」公案，已經出現破案的契機。

烏克蘭舊政權時期的天然氣交易黑幕重重，不但涉及金錢交易與多元分贓的共犯結構，更成了烏克蘭最大的黑金政治與權力腐敗根源。

令人不可思議的是，舊政權時期的烏克蘭總統府，竟然就扮演犯罪總指揮的關鍵角色，這樣的政商複雜結構，更牽引出美、俄兩大超強間的矛盾情結，岡格德茲（Gyorgy Gongadze）意外成了串聯起這張複雜犯罪網絡的關鍵點，這也是何以這名記者二○○○年的慘死，至今仍難以落幕的原因。

▌記者挑戰總統，慘遭斷頭毀屍

現在我們就來檢視這位自一九九五年到二○○○年五年間，烏克蘭第十三位遇害的記者，為何在他身亡事隔五年後的二○○五年，仍會如此受到注意的原因。

面對烏克蘭嚴重的權貴犯罪問題，以及俯拾皆是的政商勾結、權錢交易模式，任職於網路媒體《烏克蘭真理報》（Ukrainska Pravda）的記者岡格德茲，在一九九九年九月公開質

疑總統庫奇馬（Leonid Kuchma），為何烏克蘭情治系統都不逮捕前總理拉查年科（Pavlo Lazarenko），尤其是拉查年科涉嫌自一九九五年到一九九七年間的天然氣交易醜聞，收受業者數百萬美元的不法利益，潛逃美國，又因涉及違法洗錢身繫囹圄，卻沒有因此受到烏克蘭政府的追究，令人無法理解。

面對黑金盤根錯節的官僚結構，以致貧者愈貧、富者愈富的不公義社會浮現，岡格德茲透過電視現場轉播時嗆聲，他公開質疑庫奇馬，「你的情治首長搞砸了，數百萬美元被拉查年科攜往海外，你卻頒授這些無能的情治人員勳章以做為酬庸。」

電視畫面上的庫奇馬，則是眉頭緊蹙，一臉不悅的質問這個時年三十歲的年輕記者叫什麼名字，喃喃自語的強調自己無涉權錢交易。

二〇〇〇年九月，岡格德茲慘遭綁架殺害，無頭屍體在距首都基輔一百公里之遙的郊區雜林中被發現，屍體上並遭人潑灑鹽酸，企圖毀屍滅跡。在遇害之前，岡格德茲即不只一次的告訴同僚「我被人盯上了」，事實顯示，岡格德茲遭到滅口，是因為他發現了一些他不應該碰觸的內容。

《真理報》總編輯玻利圖拉（Olena Prytula）指出，「岡格德茲的尖銳問題，碰觸了政治的敏感神經，面對此一懸案，警方則是消極回應，調查乏力，庫奇馬雖然口頭上表達積極調查意願，但是行動上卻是背道而馳。」

▍總統隨扈爆料，錄音帶露玄機

烏克蘭國會議員與新聞人員，面對檢察總署調查進度遲緩，同聲指責司法正義早已失去靈魂，寄望剪斷黑金共生臍帶已不可能，司法體系難以根絕政治干預的疑慮，以致民間偏頗、不公與

濫權的質疑聲音響起。

岡格德茲的母親也指出，面對二〇〇〇年一月二十五日，基輔地方法院駁回指控總統庫奇馬和內政部長的法律之訴，她決心訴諸歐洲法院，絕不讓整起事件就此被官僚體系所湮沒。

岡格德茲的妻子也帶著一對雙胞胎前往美國，訴諸輿論聲援。

十一月時，案情急轉直下，庫奇馬隨扈梅林欽科（Mykola Melnychenko）爆料，公開在總統座車內竊錄所得的錄音帶，其中，庫奇馬與內政部長對話討論「解決」岡格德茲。

這捲高度爭議的錄音帶受到國際注目，引發烏克蘭政治危機，政府部門指責這捲錄音帶造假，企圖誤導案情調查，但是庫奇馬雖然否認涉及謀殺，卻未否認錄音帶的真實性。

庫奇馬只是一再強調，並不認識梅林欽科這個人，甚至連他長的什麼樣子都不清楚。

梅林欽科在事件爆發後，隨即逃往美國尋求政治庇護，藏身紐約，為了身家安全，居住地點也是每隔幾天就變換一次。

梅林欽科指出，他並不清楚所有的交易細節，但是黑金集團在美國的犯罪洗錢範圍，所涉及的不僅是貪污所得，還包括毒品交易和武器買賣。

庫奇馬曾透過英國公民蘇胡可夫（Alexandre Zhukov）仲介，幾年來，累計偷渡出境各式衝鋒槍、彈藥、飛彈等，其中並出售價值超過一百萬美元的軍事雷達設備前往中東特定國家。可以確定的是，這樣的一筆爛帳，恐怕很難攤在陽光下接受全民調查與監督。

烏克蘭情治系統也發現，自一九九九年到二〇〇一年，烏克蘭曾非法出口了十二枚Kh-55型巡弋飛彈，其中六枚出口至伊

朗，六枚出口至中國，問題之嚴重程度超出想像，新任總統尤申科已下令調查。

　　稍早，烏克蘭利害關係人也曾透過管道，積極接觸梅林欽科，意圖以六百萬美金代價收買梅林欽科，令其閉嘴，但是美國聯邦調查局已提早一步，將梅林欽科帶往一處隱密安全的軍事基地，詢問錄音帶相關內容。

　　媒體爆料指出，美方帶走梅林欽科，是因為岡格德茲之死與錄音帶的敏感內容，與美國也脫離不了干係。

▌秘密暗殺小組，對付異議分子

　　二○○一年開始，「岡格德茲效應」逐漸顯現，黑道猖獗與金權氾濫，使得媒體人員連續遭到迫害。

> ＊ 七月三日，TOR電視台總監，公開播出東烏克蘭地區政商勾結新聞，遭人持球棒圍毆致死。

> ＊ 七月三日，《XX Vek》日報創辦人刊登事涉敏感內容的新聞，遭槍擊致死。

> ＊ 七月十一日，烏克蘭媒體集團負責人也因為「做了不該做的事」，遭到圍毆住院。

　　面對一連串的媒體人員迫害案件，烏克蘭國會議員奧梅欽科（Hryhory Omelchenko）即指出，烏克蘭黑道金權勢力介入問題嚴重，內政部曾經組織名為「克拉夫欽科之鷹」（Kravchenko's Eagles）的行刑隊，這個由犯罪集團與武裝人員組成的暗殺小組，對象鎖定反對派政治人物與新聞記者。

　　岡格德茲案目擊證人岡契洛夫（Igor Goncharov）是直屬內政部的資深武裝人員，岡契洛夫被控十一項罪名，他願意出庭說明行刑隊秘密執法記錄，以交換減刑，但在二○○三年七月，在

即將出庭前夕，岡契洛夫卻在獄中遭人注射毒針暴斃死亡，但這樣的結果難免啟人疑竇。

檢方在獄中搜出他所寫信件，信中證實「犯罪指令直接來自內政部官員，組織犯罪源頭就在首都基輔，總統也涉及其中。」

透過梅林欽科的錄音帶與岡契洛夫的信件，已經拼湊出了從特定人物的指令下達，到處決執行的整體犯罪輪廓。

這一切，都與特定團體的利益結構緊密牽連。

事實上，自一九八五年車諾比核災發生後，烏克蘭近五千萬人的能源需求都仰賴天然氣，一九九一年蘇聯瓦解後，烏克蘭每年必須自俄國及土庫曼進口五十四億立方公尺天然氣，佔全年消費量的四分之三。

▌考量整體利益，歐洲議會介入

一九九○年，烏克蘭遭逢經濟衰退衝擊，全國陷入景氣低迷的嚴酷考驗，無力負擔巨額外債，此外，受到一九九五年俄國企業民營化潮流影響，烏克蘭也著手發出天然氣進口執照，並建立特許配額制度。

這樣的做法即予黑金集團上下其手，掏空烏克蘭的機會，據指出，庫奇馬藉機圖利特定人士，建構起操縱國家資源的綿密政商網絡，三家特許公司左右龐大市場，巨額獲利的結果，嚴重干擾、扭曲烏克蘭的經濟資源使用與分配。

庫奇馬更公然利用政治優勢，進行利益輸送，酬庸密友霸凱（Ihor Bakai），不但令其出任總統顧問，並擔任國家油氣委員會主席一職，但最令人不滿的是，霸凱伺機巧取豪奪，利用所擁有的能源公司，掌握了85%的國營企業與家庭需求，霸凱也因此面對貪污指控，在二○○○年被迫下台。

結盟庫奇馬，隨後又分道揚鑣的拉查年科，在一九九〇年出任能源部長，一九九六到一九九七年出任總理，同樣是肆無忌憚的竊佔國家資源，利益護盤以自肥，結合共生集團成為龐大的政商怪獸，一直到一九九八年十二月，拉查年科公開挑戰庫奇馬權力失敗，隨即攜帶巨款逃往瑞士，三個月後又轉赴美國避禍。

二〇〇〇年十月，拉查年科的律師透過「自由歐洲」電台，指控庫奇馬知道所有犯罪洗錢過程，雖然庫奇馬公開反駁，但是說服力卻是極為有限。

烏克蘭電力公司副總裁基利哥利辛（Konstantin Grigorishin）即指出，這樣沆瀣一氣的貪腐結構，沒有俄國的幫忙是不可能做到的，更何況利益集團獲利來源，多來自最大宗的天然氣交易所得。

歐洲議會以歐洲整體安全利益考量，二〇〇一年九月二十七日首次發表聲明，正式介入岡格德茲謀殺案調查行動，二〇〇五年再次聲明，促請新任總統尤申科務必要在最短時間內，讓全案水落石出、真相大白。

期待大刀闊斧，剷除黑金毒瘤

面對烏克蘭財閥治國，尤申科如何擺脫黑金羈絆、打擊犯罪，才是烏克蘭未來民主鞏固發展，防範民主體制遭到腐蝕的基礎，人民期待尤申科能夠大刀闊斧，剷除黑金政治所遺留下的歷史毒瘤，遏止舊勢力反撲，建立公平、合理的民主社會，無可避免的已成為尤申科的最大挑戰，而岡格德茲懸案的解決，就成為尤申科貫徹決心的試金石。

三、戰地記者踩到新聞地雷

死傷枕籍的南亞大海嘯，再掀戰地新聞議題，世人重新
聚焦……

〈Media Watch媒體觀察─戰地新聞War News〉

（編按）印尼政府主張「愛國新聞學」，以道德勸說新聞媒
體必須依循政府所訂價值標準報導新聞，令印尼媒體陷於兩難
處境，也使新聞記者在印尼軍方與反抗軍的新聞報導上傾斜、
失衡，專業倫理遭到威脅。

二〇〇四年十二月二十六日發生的南亞海嘯，奪走數十萬條
人命，以及造成數百萬人流離失所的世紀悲劇，受創最深的就屬
位處震央所在的印尼亞齊省與斯里蘭卡東部與北部省分，這兩個
地方，早已是內戰頻仍，人民飽受生命威脅之苦，這樣的處境，
不只平民百姓受害，也是新聞工作者採訪報導上所面臨的最大挑
戰。

▍自由亞齊運動組織，引爆內戰

根據聯合國統計，到二〇〇五年一月中旬為止，南亞海
嘯已導致亞齊省死傷逾十五萬人，國際記者聯盟（International
Federation of Journalists, IFJ）統計也指出，南亞海嘯已導致印尼
新聞記者協會（Aliansi Independen Jurnalis, AIJ）二十五名會員的
失蹤。

亞齊省最主要的報紙《Serambi Indonesia》也有八十名人員罹
難。也許正如AIJ會長Eddy Suprapto 所說的，「《Serambi》曾經
在亞齊省扮演著重要的角色，不只因為《Serambi》提供了讀者充

分的新聞資訊以及戰爭衝突教育，更重要的是《Serambi》日報照亮了亞齊人心。」

亞齊省的戰火已持續逾二十年，死傷人員當中近七成五為平民百姓，如今又遭逢地震與海嘯肆虐，亞齊人民生活將更顯艱困。

事實上，在荷蘭殖民蘇門答臘群島之前，亞齊（Aceh）屬於獨立邦國（Sultan），一九四九年印尼獨立，亞齊省要求成為「特區」（Special regional status）期待落空。更因為亞齊省擁有豐富的石油資源，引起印尼政府與外資的大肆開採，卻吝於進行相對回饋與建設，引發亞齊人民的不滿，一九八〇年，自由亞齊運動組織（Free Aceh Movement, GAM）成軍，公投獨立聲音響起，內戰爆發，戰火持續至二〇〇四年，GAM已有效掌握逾七成村落。

面對內戰新聞採訪，印尼各個媒體記者在受命報導之前，印尼政府都會提供戰地採訪訓練，但這樣的短期課程卻不敷實際採訪需求，由於政府的疏失造成採訪記者的傷亡與綁架，更在軍方愛國新聞學（patriotic journalism）概念下，使得採訪更顯困難重重，新聞來源常受制於印尼軍方（Indonesian Defense Forces），任何媒體力圖做到平衡報導，希望採訪GAM意見，都可能遭到印尼軍方的干涉與恐嚇，即使連國外記者都曾遭遇相同經驗。

面對此一採訪困境，亞齊省人民就成為各媒體採訪重要消息來源，但是願意上鏡頭，或可能提供不利於印尼軍方訊息的當地百姓，可能就得面對生命的威脅，這也使得新聞報導常會一面倒的失衡。

政府的愛國新聞學，困擾媒體

二〇〇四年八月，在印尼新聞記者協會安排下，筆者有機會前往印尼國營電視台RCTI，與遭GAM綁架的電視攝影記者Ferry Santoro對話，Ferry Santoro是在二〇〇三年六月二十九日遭到綁架，直到二〇〇四年五月中旬始獲釋。

雖然與交戰雙方都熟識，但是Ferry Santoro在亞齊省的採訪仍須面對複雜的衝突環境，「因為沒有任何一方會滿意你的電視採訪報導，雙方永遠不滿意為何衝突另一方的受訪者比自己受訪播出的時間還要長。」

「事實上，雙方的受訪時間是一樣長，後製剪接時，即已注意到新聞當中的每一秒與每一格畫面，但當我們做到形式平衡時，交戰雙方又批評起播出內容，認為應該做到實質平衡。」

「內戰新聞採訪處處都是雷區，稍一不慎，即可能遭致暴力或是綁架。」Ferry Santoro敘述被綁經過，也透露出幾許無奈。

在與RCTI電視台主管討論過程中，除了探詢亞齊省衝突情勢發展，以及Ferry Santoro說明個人在被綁架這十一個月來的心境轉折外，也瞭解RCTI電視台有關戰地記者派遣的標準作業流程、人質談判過程、政府軍角色，以及如何界定新聞平衡的報導原則。

如今，印尼政府軍以保護各國救援人員與新聞記者生命安全為由，限制人員進出，企圖重行掌控亞齊省意圖明顯，雖然印尼政府表示已與反抗軍達成君子協定（gentleman's agreement），不會妨礙救援行動，也不會另起戰端，但國際記者聯盟仍對印尼政府做法表示質疑。

面對印尼新聞部長Syamsul Mua'rif「愛國新聞學」的主張，道德勸說新聞報導依循政府所訂價值標準，這樣的做法，不僅令

印尼媒體陷於兩難處境，更可能使得新聞記者在印尼軍方與反抗軍的新聞報導上傾斜、失衡。

斯里蘭卡二十年內戰，天災人禍

南亞海嘯另一個最嚴重的受創國就是斯里蘭卡，這次的災難，也使得二十年內戰所埋下的一百五十萬顆地雷，被海嘯衝散，不知蹤影，使得全民陷入危域。持續內戰已使得斯里蘭卡國家基礎設施遭到嚴重破壞，鉅額軍費開支也嚴重排擠了斯里蘭卡的經濟發展。

這次的海嘯災難也讓斯里蘭卡人民重新省思「全球化」的意義，斯里蘭卡新左派陣線（New Left Front）即指出，網際網路與衛星科技，對這裡的窮苦人民與被邊緣化的國家而言，並不存在太大的意義。

諷刺的對比是西元前三世紀Kelani Tissa王朝時期，斯里蘭卡人民可以藉由觀察動物反應，測知地震、海嘯，但二十一世紀的今天反倒求助無門，造成慘重死傷。

天災加上人禍，如果停火三年的內戰重新爆發，可以料想的是斯里蘭卡人民的命運將更為悲苦。

斯里蘭卡政府軍和塔米爾之虎游擊組織（Liberation Tigers of Tamil Eelam, LTTE）自一九八三年以來即爆發戰火，LTTE採取自殺炸彈攻擊手段，企圖在東部和北部地區建立塔米爾過渡自治政府（Interim Self Governing Authority）。

LTTE採取極端的抗爭手段，使得包括印度前總理拉吉夫甘地和斯里蘭卡前總統普瑞馬達沙，都成為受害者，LTTE戰鬥成員並隨身攜帶氰化物膠囊，以備遭到逮捕時自殺之用，激烈舉動震駭各國。

英國難民組織（refugee council）估計，斯里蘭卡二十年內戰，已造成六萬人死亡，六十萬平民流離失所。一九九一年、一九九七年、二〇〇一年，印度、美國、英國分別宣布LTTE為恐怖組織，凍結銀行帳戶，斷絕經濟來源。

斯里蘭卡政府在二〇〇二年十二月與LTTE簽訂停火協定後，在東部和北部地區建立安全區（High Security Zones），但HSZ卻是一點都不安全，不但平民活動受到限縮，媒體也遭到恫嚇箝制，敵對雙方並要求媒體與記者選邊站，這也是何以會發生同一則新聞，使用錫蘭語、塔米爾語與英語三種語言版本刊播，內容卻是完全的矛盾。

不少人寄望這次大海嘯的悲劇能夠化解長期內戰，雖然LTTE領導人Velupillai Prabhakaran表達對全國人民的哀痛之意，並表達願意接受政府的救濟物資。

媒體報導也指出，原本可能重新點燃的內戰，因為LTTE損失過鉅，使得緊張局勢緩和下來，但由於政府援助遲滯，令LTTE大為不滿，指責可倫坡政府如此做法，只會使得雙方敵對關係更形緊繃，因為「我們並不信任這個政府與這個總統。」

媒體面對內戰與天災處境，新聞報導上更為戒慎恐懼，部分媒體企圖跳過國安系統與軍方單一消息來源，多方求證希望做到起碼的新聞平衡，卻是阻力重重。

政經勢力介入媒體，糾葛不斷

大海嘯造成的悲劇，光是北部省分就有三千名孤兒因此頓失依靠，全國死亡人口統計當中，近三分之一是兒童，這也使得不少人憂心持續的天災與人禍，將使得斯里蘭卡人民陷入偽善貪婪者的手中。

　　斯里蘭卡媒體工作者深陷內戰糾葛與政經勢力介入，新聞報導內容更受到敵對雙方制約，可以想見這樣的困境在可見的未來仍難突破。

　　印尼與斯里蘭卡新聞人員一直以懷疑眼光看待政客作為，卻難以掙脫政經力量的枷鎖，南亞大海嘯重新讓世人看清楚這兩個國家內戰之慘烈與歷史悲劇，更讓大家深刻體認到新聞自由的可貴。

四、非洲之聲

悲劇宿命與媒體力量的糾葛，是這塊黑色大陸的生命試煉。

〈Media Watch媒體觀察─非洲之聲RPA〉

（編按）經過一個由胡圖族極端主義者操控的「奪命電台」
─RTLM煽動，造成盧安達十分之一人口慘遭屠戮的慘劇，現
在，極力促成族群融合的「非洲之聲」逐漸竄起，希望帶領非
洲大湖區人民脫離殺伐宿命。

二○○四年是盧安達遭種族屠殺十周年紀念，十年前的一
場族群滅絕慘劇，很難想像事件起因竟可以因為一個字或是一句
話，在媒體煽惑鼓動下慘烈發生，這樣的悲劇至今仍難平復，因
為在中部非洲另一場屠戮似已悄悄上場。

這是發生在中部非洲大湖區三個國家的共同故事，悲劇宿命
糾結難解，這三個國家分別是盧安達（Rwanda）、剛果民主共
和國（The Democratic Republic of Congo）與蒲隆地共和國（The
Republic of Burundi），在這塊黑色大地上，媒體可以扮演死神索
命，也可以是天使召喚和平。

貧瘠的非洲大陸，由於文盲占了絕大多數人口，收聽廣播成
了人民獲取資訊與對外溝通的主要管道，廣播電台於是成了獨裁
者與敵對勢力操控人民的有利工具，箝制媒體也成為大湖區三個
國家執政者的共同手段。

一九九四年盧安達近百萬平民慘遭屠戮，十年時間過去，
但事件迄今仍牽連糾纏著剛果，因為當年掀起腥風血雨的胡圖族
叛軍潛入剛果，盧安達人誓言討個公道，頻頻侵擾邊界緝凶的結

果，使得這個中非大國人民至今仍難脫離戰爭之苦。

盧安達，八十萬孤魂飄零慘劇

盧安達族群矛盾一直很嚴重，內戰衝突不斷，主要導因於占人口一成五的圖西族人，掌握近九成政府職務與大部分的可耕地，引起占八成五人口比例的胡圖族人反對抗爭。

一九九四年四月六日，盧安達總統（胡圖族人）座機失事墜毀，RTLM電台伺機煽動指控「這是圖西族人密謀刺殺胡圖族人總統的結果」，盧安達全國隨即陷入騷亂，總統衛隊失控叛亂，殺害總理與圖西族數位部長，震驚世界的種族屠殺於焉開始。

從四月到七月將近一百天的時間裡，在盧安達胡圖極端主義者操控下的媒體成了劊子手，胡圖族掌控下的RTLM電台，成了奪命電台（Radio Death），電台開闢時段，公布圖西族人住家地址，鼓動胡圖族人逐予破門追殺，使得這個僅有八百萬人口的非洲小國，10%，近八十萬平民慘遭屠殺，另二百萬難民湧向鄰國避禍，其中九成四的受害者是圖西族人。

這樣的可怖記憶，使得盧安達十萬名兒童成了孤兒，不少婦女成了寡婦，人口結構失衡的結果，全國四成的人口是十四歲以下的兒童。

但是，一九九四年的悲劇並未因國際力量的介入而中止，因為戰火已從盧安達延燒到剛果民主共和國。

剛果，三百萬無辜生命消失

繼一九九六年與一九九八年，兩度入侵原名薩伊的剛果民主共和國之後，盧安達再次以「逮捕一九九四年大屠殺的胡圖族叛軍」名義，於二○○四年再次跨越兩國邊界，雖然盧安達否認入

侵指控,但是剛果新一波的逃亡潮已經發生。

六個非洲國家自一九九八年到二〇〇三年之間,在剛果境內連年的武裝衝突,導致剛果近三百萬平民喪生。剛果種族複雜、地方軍閥割據、各國勢力侵擾、族群衝突頻仍,多方角力就在覬覦剛果豐富的礦產資源。

根據國際救援組織(International Rescue Corps)指出,剛果連年戰禍,導致全國醫療體系瓦解,癘疫傳染無藥可醫的結果,使得剛果每日平均死亡人數達到上千人。

統計也顯示,與目前正陷於戰火衝突的伊拉克人民,每人平均獲一百三十八美元的人道援助金額相比,剛果人民平均每人僅有三美元的人道援助金額,使得剛果人民所處境況更為窘迫。

而為能全面掌控政權,剛果歷任執政者壟斷媒體、控制電台,在一九九七年頒布基本法,取代了一九九六年所定頒憲法,緊縮言論空間的結果,使得族群衝突更難化解。

▍蒲隆地,媒體人企圖扭轉宿命

大湖區另一個擁有七百萬人口的國家—蒲隆地,自一九九三年起全國即陷入圖西族與胡圖族的武裝對立當中,各方勢力同樣藉由操控媒體肆意掀起族群內戰,造成二十萬人的死亡。

幸運的是,甫獲頒《記者保護協會》(Committee to Protect Journalists, CPJ)「二〇〇四國際新聞獎章」的得主—蒲隆地「非洲之聲」(Burundi's Radio Publique Africaine, RPA)電台創辦人Alexis Sinduhije,希望設立一個不同於盧安達的RTLM極端種族主義的電台,企圖扭轉中非大湖區族群彼此殺戮的宿命。

「非洲之聲」電台成立於二〇〇一年,創台伊始即持續報導政治敏感議題,目的就在結束十年來的胡圖族與圖西族內戰糾

葛，非洲之聲電台被暱稱為「人民的電台」，不只一次的公開嗆聲質疑執政當局，為何可以在未經審判情形下將人入獄？國家為何可以公然奪取人民的土地卻不予補償？

這樣的努力也逐漸彌合胡圖族與圖西族間裂痕，使得政客更難藉由操控族群矛盾，獲利政治利益。但是因為Alexis Sinduhije遭到刻意抹黑、妖魔化，以及盧安達RTLM電台一九九四年偏激言論等惡劣印象影響，使得非洲之聲電台的募款工作進行得並不順利，目前電台的經營相當艱困。

非洲之聲電台在不同勢力擠壓下，仍邀聘胡圖族與圖西族曾經是戰場上敵對的仇人製作節目，希望因為互信瞭解化解族群矛盾。

即使面對二〇〇三年武裝暴力分子入侵住家，殺害安全警衛，隨時面臨死亡威脅的情況下，Alexis Sinduhije仍然堅持、期待藉由非洲之聲電台的媒體力量，教化蒲隆地不同族群，為殺伐的兩造，共同型塑和平標竿，廣為傳佈公平、民主與非暴力的種子。

▍大湖區，期待希望能取代悲憫

大湖區已有部分電台開始效法非洲之聲電台的作法，希望因此建立族群共識，透過輿論導引這塊土地能朝向建立一個不再獨裁與殺戮的國家發展。

剛果的戰爭目前仍在持續，但是Alexis Sinduhije的「天使」角色，已使得大湖區的人民看到脫離殺伐宿命的一絲曙光，只希望這樣的媒體力量能夠持續傳遞擴散，讓族群滅絕的悲劇可以不再發生。

五、部落格社群的社會動員

主流媒體已不再是意見市場的唯一守門者，另類媒體的寧靜革命正要展開。

〈Media Watch媒體觀察—美國經驗Blog〉

（編按）美國植物人泰莉安樂死爭議引起舉世關注之際，部落格以泰莉會哭、會笑、會喊爸媽、會打招呼，連番質疑美國主流媒體的民調抽樣，抨擊所謂泰莉腦死、植物人等新聞報導，都是對閱聽人的漫天謊言。

美國總統布希，不尋常的在國會通過延長植物人泰莉生命的法案上簽字，企盼延續泰莉生命，此一令全球矚目、全美爭議、醫界對立的案例，再次突顯部落格社群（Blog Community）對抗主流媒體，新聞幕後所扮演的關鍵意涵。

以「起訴麥克，不要殺死泰莉」做為運動訴求的部落格社群，透過集體力量所展現的戰鬥性格及反抗性格，積極遊說司法判決，終於引起全美廣泛的討論與同情。

這是部落格社群繼披露CBS六十分鐘新聞雜誌，報導布希越戰期間逃避兵役的「黑暗內幕」，因指涉失誤，迫使主播丹拉瑟退休下台，以及CNN新聞主管約丹，錯誤發表伊拉克美軍刻意殺害記者談話，被迫辭職之後，再一次的實力展示。

英國廣播公司BBC評述強調，「搶救泰莉」行動的突破，正是「人民力量」的凝現。

部落格以泰莉會哭、會笑、會喊爸媽、會打招呼，連番質疑美國主流媒體的民調抽樣，抨擊所謂泰莉腦死、植物人等新聞報導，都是對閱聽人的漫天謊言。

美國主流媒體，一直刻板認為部落格工作者並不是記者，並將部落格貼上是謠言製造者、暴力煽惑者的負面標籤，部落格也視主流媒體是偏見與言論寡佔的組織怪獸，主流媒體與另類媒體間充滿著矛盾與摩擦。

年輕人閱讀習慣逐步移轉

哥倫比亞大學教授卡利（James W. Carey）則是指出，新聞學（journalism）的字義，是源自於法文的「每一日」（jour），因此新聞可以是每日的生活記錄，或是日記撰寫，而部落格就是最好的網路日誌，它可以記錄、分享個人的常民經驗，或是快速捕捉不同來源的多元意見，予以重製、發佈、參與。

華盛頓郵報資深主編蓋特（Michael Getler）也表示，部落格概念並不是太新鮮，同樣具有傳統媒體的讀寫、分析、抱怨和更正的新聞產製流程。

根據美國報業協會二〇〇四年年報分析，美國二十五歲到三十四歲年齡層的閱聽人，佔了傳統閱報人口結構的四成一，二十五歲以下的閱聽人，已習慣於透過訊息版與部落格獲取新聞，或是延伸閱讀內容，這些人將是未來媒體消費的主體，面對這樣的發展趨勢，已令傳統報業經營者冷汗直流。

傳統的主流報紙，今天必須滿足不同的年齡層需求，一是傳統紙本的中高年齡層閱讀習慣，一是網路世代裡年輕閱聽人的數位需求，如何兼及兩者，電子媒體也面臨相同的困境。

當部落格儼然成為主流媒體的監督者（watchdog of the watchdog）時，這樣的社群所凝聚的挑戰與顛覆的集體力量，已迫使主流媒體必須強化新聞內容、嚴謹查證等本質能力，否則閱聽人很可能會選擇離開，自成傳播個體。

　　傳統媒體人已不再是意見市場的唯一守門者，當部落格也可以受惠於資訊公開法（Freedom of Information Act），與聞政府資訊時，媒體形態的多樣性，使得「誰是記者」已愈來愈難被定義。

部落格形塑全民動員網絡

　　全美部落格做為社會動運的一部分，經由專業工作者與知識分子的組成結構，透過壓力團體的形塑過程，已初步建立起有力的動員網絡，啟發公民的組織性參與，這些人也期待這樣的行動，能夠帶來更多人對社會議題的關注。

　　全美部落格有效串聯起公民對話的網絡，鼓勵對訊息的合理懷疑，這已不只是單純的產製者與閱聽人的線性關係，而是互動的民主機制，部落格的平民化與對等本質，吸引了許多不滿現狀、勇於嗆聲，另類觀點的年輕人投入，這也是今天美國的主流媒體難以輕忽的原因。

　　面對部落格的進逼，主流媒體可能必須擺脫傲慢與偏見，重拾閱聽人的信賴與信心。無疑的，當部落格社群動員「搶救泰莉」的同時，對台灣媒體而言，也應該有另一層的啟發才是。

六、強人總統，弱勢媒體

國安系統出身的普丁，再現箝制媒體作風強悍。

〈Media Watch媒體觀察—媒體悲歌Russia Authority〉

（編按）待遇微薄的俄羅斯新聞工作者，身家性命備受威脅，新聞採訪景象宛若戰地搏命，過去十年，俄羅斯累計已有二百二十名媒體記者遇害身亡，家人則是欲哭無淚。

俄羅斯南部北奧塞提亞學校人質事件，在俄國特種部隊發動攻堅後悲慘落幕，造成近千人死傷，總統普丁如此決策模式再次震驚民主國家。

生命無價，生活在台灣的人民談起此事，都會覺得不可思議，有人直指普丁應負決策專斷責任，質疑何以普丁在俄國近乎獨裁作為，竟無法受到俄國媒體的有力監督，以致人間悲劇不斷。

這可能必須回歸到俄國由極權演變到威權體制，新聞媒體發展不但未見鬆綁，反而益顯萎縮有著密切關係。

普丁上台後刻意箝制、收編新聞媒體，削弱媒體監督政府力量，透過耳語，詆毀指稱媒體與記者腐敗墮落，斥責記者所言不可信賴，俄國人民也不需要閱讀及收看新聞。

這樣的作法，使得俄國記者社會地位，從十五年前的高信任度大幅滑落，報紙發行量暴跌，近七成記者薪資平均月薪僅一百元美金。

▎政商聯手，宰制媒體

俄國記者人身安全也受到嚴重威脅，據統計，過去十年，累

計已有二百二十名媒體記者遇害身亡，當中除了採訪車臣等戰地新聞死亡的記者以外，還包括俄國政商勢力聯手宰制媒體所造成的傷害。

美國《富比士雜誌》俄文版總編輯兼記者，俄裔美籍的赫勒尼科夫之死，震驚俄國與西方社會，警方指出不排除死亡原因和俄國百大富豪排行報導有關，但此案迄今未破。

俄國媒體集體要求保障記者人身安全，政府卻是淡然回應，強調在俄國，不是只有記者被殺。

俄國記者協會歸納記者遭迫害原因多導因於：報復媒體調查採訪舉動、政商施壓企圖改變編輯政策。

俄國去年發生數起記者遇害身亡事件，部分原因迄今不明，其中引人關注的新聞是《托利亞提市報》，三十一歲總編輯兼記者席德洛夫，在採訪調查俄國黑手黨犯罪活動未久，隨即於晚上回家途中遭到狙殺身亡。

這樣的事在托利亞提市已經不是第一次發生，從一九九五年起，陸續已有六名媒體高階主管遇害，這樣的犯罪行為，已嚴重威脅到新聞自由與人民知的權利。

當然，影響俄國媒體正常發展的原因，政客也難逃加害者批判。

俄國每天都會發生數十起媒體因為觸犯政府禁忌，遭到政府機關起訴或逮捕事件。

《自由市報》總編輯柯古洛夫調查報導警方與販毒集團勾結新聞，警方隨即還以顏色，宣稱在柯古洛夫車上、身上與公事包裡搜出毒品並強行加以逮捕。

各級政府，壓迫媒體

統計指出，俄國全境每年都會有上百起記者遭到莫虛有罪名逮捕的情形發生。

俄國各級政府組織也扮演壓迫媒體的幫凶，俄國獨立電視台TNT及TBS記者，都因為報導選舉新聞，遭到特定候選人的支持者暴力相向。

莫斯科當局更伺機擴張行政裁量權，逕行新聞封鎖與管制，限制媒體不得報導不利執政者的新聞言論，甚至透過法規、命令等作法規避媒體拍攝、錄音、錄影，除非政府刻意釋放訊息才能開放報導，但是也會選擇特定媒體配合。

此次的北奧塞提亞學校人質事件，俄羅斯多數媒體被阻擋在封鎖線後無法採訪，即可見問題之一斑。

同樣的情形也發生在奧瑪斯科市攝影記者阿布拉瑪夫身上，他在西伯利亞國際馬拉松賽中，未經核准，拍攝到市領導人普利茲耶夫在安全警衛包圍下喝啤酒的照片，「不當」採訪舉動，使得阿布拉瑪夫隨即遭到當地警方扣押。

普丁自許為強人總統，預料他將一仍舊慣限制媒體採訪尺度，要求特定媒體配合政府政策，強力為個人決策辯護，將責任歸咎綁匪，企圖扭轉劣勢，重塑強人形象，凝聚全民共識，痛擊尋求獨立的車臣「恐怖分子」。

俄國人民企求俄國能夠由威權、強人時代邁向民主、多元社會，新聞媒體無疑扮演著重要角色，但是只要俄國政府持續箝制、脅迫與利誘舉動，惡劣環境下掙扎求存的俄國弱勢媒體，陷溺困境難以自拔，全民社會的建構恐將遙遙無期。

七、印尼記協,典範追求

印尼媒體人經過十年抗爭歷程,堅持重構政治與媒體生態。

〈Media Watch媒體觀察──爭取自主Indonesian Journalist〉

(編按)與台灣近在咫尺的這個鄰近國家,擁有二億一千萬的人民,回教是他們的主流信仰,生活貧困卻堅持理想。看看印尼新聞同業的努力與抗爭毅力,反觀台灣媒體同業,這些年來似乎少了這樣的精神與氣魄。

二〇〇四年八月六日我和台灣記者協會會長呂東熹代表台灣記協,接受印尼記協邀請,前往雅加達參加AJI十周年慶活動。

過去,印尼新聞工作者遭受迫害即時有所聞,這樣的情形一直到一九九八年蘇哈托下台,才有明顯改善。

印尼政府將一九四五年立憲憲法進行第二次修憲,增加新聞自由條款,哈比比執政時期更廢止新聞出版執照規定,鬆綁新聞箝制,使得言論自由空氣大開。

今天,在政治方面,印尼新聞自由仍受到刑法條文威脅。在新聞自律方面,報導失衡、內容不公、記者選邊等問題也傷害到爭取不易的新聞空間。

不少印尼知識分子認為,新聞自由如今已淪為記者濫權的護身符,社會也響起重新檢討新聞自由的聲音,對印尼新聞工作者而言,這無疑是一大警訊。

▎AJI,從地下組織出發

晚上六點,我們先和IFJ會長Christopher Warrant及AJI會長

Eddy在下榻的Santika飯店進行意見交換，我們再次代表台灣記協感謝IFJ對台灣記者採訪權維護，以及台灣兩名記者赴中國採訪遭暴力對待一事上的聲援。

過程中，大家也討論到香港與中國媒體現況與未來發展，Christ對中國新聞自由發展持審慎樂觀態度，Eddy也期待藉由台灣新聞自由的發展經驗，作為中國借鏡。

Eddy提及AJI從十年前由一個反抗蘇哈托獨裁政權的地下新聞組織，發展成為今天在全國擁有十八個分會、活力蓬勃的新聞工會組織，一路走來感觸良多。

我和東熹兄與Christ獲邀前往AJI搬遷不到一周的新辦公室，與AJI十多名幹部一面吃便當，一面進行意見交流，從早上八點談到十點半，大家興致很高，談話欲罷不能。

AJI新會址是一棟位於雅加達市區的兩層樓建築，除了各個辦公空間外，另外也規劃了三間會議室，與台灣記協相比，空間使用上相當充裕

AJI目前有七位專職工作人員，負責各地分會布建與組訓，以及財務和出版、社運動員等工作。

印尼記協幹部對台灣民主自由與經濟發展都很羨慕，也很希望多瞭解台灣新聞媒體發展現況，作為努力借鏡。

印尼記協所提出的問題，與台灣媒體目前所遭遇的困境極為相近，雙方談起來也獲得不少共鳴，總結有以下幾個重點：

1. 媒體集團化、科層化、威權化發展，扭曲新聞報導，記者應該順服或是反對組織？又該如何維持新聞自主與對抗策略？

2. 媒體如何與政府組織互動，並保持適當距離，免於遭到體制收編與政商宰治。

3. 媒體寡佔下，記者如何維持編採自主權與多元思考能力。

4. AJI一直面臨財務困境，如果接受企業與政府捐助，標準與原則該如何拿捏？是否會導致AJI臣服於資本家與政客，成為被利用的政商工具。為此，AJI內部陷入長期辯論，迄無共識（IFJ已同意將與AJI聯名籌辦募款餐會，以協助化解財務問題）。

5. 資訊商品化下，付費新聞氾濫，部分新聞工作者受到誘惑而迷失，記者接受採訪對象的禮品與現金贈與，分寸應該如何掌握，以維持記者主體性及獨立編採權。

很多問題都沒有標準答案，澳洲或是台灣媒體也都有各自或大或小問題待決，因此，Christ和我們也只能提出有限的經驗供AJI參考。

事實上，印尼媒體集中化問題一直都很嚴重，以排名前兩名的媒體集團為例，Jawa Pos Group擁有八十一家報紙、二十三家周報及一家電視台。

Kompas Gramedia Group擁有十四家報紙、三十二家雜誌、六家出版社、一家電視台和一家廣播電台（我們所下榻的Santika飯店即屬於Kompas集團所有）。

在印尼商業掛帥環境下，記者處境就更顯得左支右絀。

▎政商勢力與衝突頻仍，威脅新聞自由

八月七日一早，大家前往聲援《TEMPO》雜誌，《TEMPO》有著強烈批判性，新聞內容具有高度針對性，常令執政當局與財團視為眼中釘，Christ對這本印尼的「Time」雜誌也有著很高的評價。

面對訟案纏身，總編輯Bambang Harymurti親自到場說明。

《TEMPO》雜誌是因為二〇〇三年三月一篇有關印尼財團Artha Graha涉嫌縱火焚燬平民市場，以利改建為高價商場的調查採訪，編採人員以報導不實遭提起告訴。

法院所依據的是刑法條文第55條、第310條及第311條。這部刑法是在荷蘭殖民時期所制定，至今已有上百年歷史，被嘲諷是早已老得跟不上時代腳步的酷刑屬法。

聲援過程中，Eddy也透過發表共同聲明方式，指責上述刑法條文已威脅到民主國家的基本人權，而媒體的功能就在提醒人民注意防範政府貪腐濫權，AJI要求人民應有表達自由與新聞自由的權利。

我們也告訴Bambang Harymurti，台灣媒體當面對此一法律訴訟的處理方式，此外，台灣也早已廢除刑法一百條條文，充分保障言論自由與新聞自由。

對比台灣新聞自由現況，印尼新聞工作者對目前領先的兩位總統候選人的媒體政策也語多保留，部分記者則對第一輪選舉領先的尤多約諾表達不信任態度。

一行人下午前往RCTI電視台，與被亞濟叛軍綁架的攝影記者Ferry Santoro座談，Ferry Santoro是在二〇〇三年六月二十九日遭綁架，直到今年五月中旬始獲釋。

在與電視台主管討論過程中，我們除了探詢亞濟省現今衝突情勢，以及Ferry Santoro說明個人在被綁架這十一個月來個人的心境轉折外，我們也詢問該台新聞主管有關戰地記者的標準作業程序、人質談判過程、政府軍角色，以及如何界定新聞平衡的報導原則。

記者面對叛軍和政府軍，新聞報導是否各播出三十秒內容

就算平衡？還是另有其他判準，由於此一綁架與營救仍屬印尼首例，對此，很多問題RCTI也無法提出明確答案。

由於印尼部分省份仍屬緊張衝突地區，Eddy也希望IFJ未來能夠提供相關訓練課程，做為印尼各媒體參考準則。

十年有成，再接再厲

十年來，為了爭取新聞自由，不少印尼新聞工作者長期忍受訴訟與牢獄煎熬，但都勇於挑戰既有體制，由於也曾經歷此一威權過渡民主的轉折過程，對來自台灣的我們，感觸也特別深刻。

晚會上，我們代表台灣記協，寫下「十年有成，再接再厲」幾個字做為祝福。

印尼記協夥伴們也以笑聲、掌聲、歌聲、舞蹈做為告別過去與迎接未來的砥礪，那種突破禁忌的團結與拚搏活力，對台灣媒體而言，這些年來似乎少了這樣的精神與氣魄，在這方面，印尼記協似足為台灣新聞工作者的典範。

八、媒體發展與庫德斯坦

強烈的獨立建國意識，歷經世紀以來的抗爭，終於有了立足之地。

〈Media Watch媒體觀察─斑斑血淚Kurdish〉

（編按）今天的伊拉克戰火不斷，世人更是張大了眼睛看著這個族群複雜國家的未來。後伊拉克時期的庫德人媒體，雖然僅僅只有三個衛星電視台、數目有限的短波與VHF廣播、一分全國型報紙，以及數家區域型日報及周報，但是民族意識卻是無人可以輕忽。

在台灣，庫德人對你也許是個模糊的名詞，因為媒體報導有限，但是對於美伊戰爭與獨裁者海珊卻是印象深刻，因為媒體持續疲勞轟炸，但所灌輸的卻是西方觀點。

在庫德人議題上，「媒體」，佔據了左右閱聽人心中認知地圖的關鍵力量。

伊拉克特別法庭近日已著手審理伊拉克前獨裁者海珊，七項主要犯罪控訴當中，五項涉及殘殺庫德人暴行。斑斑血淚史包括：

1. 一九九一年鎮壓伊南庫德人與伊斯蘭教什葉派反抗行動。

2. 一九八七年至一九八八年發動安法爾戰爭，殘殺伊北庫德人。

3. 一九八八年動用化學武器攻擊庫德族城鎮哈拉布亞，這次的投擲毒氣彈，導致五千人集體死亡（另有一說超過上萬人遇害）。

4. 統治伊國三十五年間殘殺包括庫德人領袖的政治異議人士。

5. 一九八三年屠殺庫德人巴贊尼宗派數千人。

這樣的慘劇在海珊統治時期每天都在發生，生活在台灣的我們除了充斥西方觀點以外，也是所知有限，原因在於媒體操控權與詮釋權並不在庫德人這一邊。

五月底出席雅典國際記者聯盟會議，當執委會議召開同時，我和來自伊拉克的庫德斯坦記協代表另闢一室進行訪談對話，希望藉由本文，能讓讀者對這個努力爭取自主與獨立民族的媒體發展，有多一點的認識。

庫德人散居中東與歐洲

庫德人、阿拉伯人、突厥人與波斯人皆屬於亞洲最古老民族，西元前六千年即已見諸中國史籍記載當中，庫德人目前主要散居中東和歐洲各國。

庫德人獨立建國意識強烈，在各國持續進行反抗運動，早在一九五八年伊拉克建國後就與巴格達當局進行多次談判。

庫德斯坦代表強調他們一直努力結合伊朗九百五十萬、土耳其二千萬、敘利亞二百萬與伊拉克五百萬族人在內的庫德人建立獨立國家。

美國解放伊拉克戰爭，對庫德人民而言是一個新生命的開始，也因為這樣的寄望，使得庫德人除在美國支持下持續進行推翻海珊政權的戰役外，並率先配合發起美國與海珊的戰爭。

伊拉克庫德人主張東北四省阿比爾、吉爾庫克、杜胡克和蘇來曼尼亞全部，以及伊北迪亞拉和摩蘇爾兩省的部分地區都是庫德人領土。

對庫德斯坦代表而言，五月初曝光的英美軍隊在伊拉克酷刑虐囚事件，並無法與海珊執政時每日殘害逾千名庫德人的事實來的可怖，這些暴行未為世人所知，因已被粉飾太平的獨裁媒體所壓抑與掩蓋。

第一分庫德人報紙是在一八九八年於開羅發行，內容涵蓋政經社會報導，媒體接觸率一度超過百萬人，這分報紙也正是庫德人受難與凌虐的紀錄史，這分屬於全體庫德人的媒體也正是激勵與團結族人的重要媒介。

後伊拉克時期的庫德人媒體，包括有三個衛星電視台、數目有限的短波與VHF廣播、一分全國型報紙，以及數家區域型日報及周報。

對庫德斯坦媒體人而言，受到新科技發展影響，目前串聯各地庫德人最有力的媒介就屬網際網路，但卻遭遇周圍國家強大阻力。例如Rojonline或是Medya TV等入口網站都因為IP遭到封鎖，以致無法被全體庫德人所使用。

敘利亞庫德人原本也期待總統阿塞德二○○○年就職時，能夠信守媒體開放政策主張，但結果卻是敘國政府的強力壓迫依舊未曾稍歇。

土耳其加入歐盟，對歐盟而言，雖是穆斯林世界和西方國家關係發展的重要一步，但哥本哈根條約也要求土耳其必須尊重庫德人新聞與意見表達自由。

但即使歐盟做出如此規範，政治上，庫德語電台不僅處處受限，土國政府並藉由冗長法律訴訟拖垮部分親庫德人的媒體。

▌握著手機說 Made in Taiwan

各國對庫德人如此戒慎恐懼，主要原因在於擔心分離主義恐

導致內部分裂危機。

　　庫德人重建國家的鬥爭已歷經八十年歷史，土耳其不願放鬆媒體管制，也在於庫德人已多次發起武裝鬥爭，更加擔心媒體推波助瀾效果。

　　庫德斯坦記協代表握著手機告訴我，這是Made in Taiwan的產品，他說伊拉克庫德區內的很多民生必須品都來自台灣，他們雖然沒有來過台灣，但對台灣政治民主與新聞自由的成就卻是耳熟能詳、誇讚有加。

　　庫德人曾自嘲：「庫德人是沒有朋友的民族」。但在這次的國際記者聯盟年會上，庫德斯坦記協代表卻是努力交朋友，希望將他們重建一個新國家的願望向全球發聲。

　　他們更期待藉由媒體網絡的建立，強力為自己的語言、文化與歷史而奮鬥。

九、誰殺了記者

只要八十美元，就可以取下可惡記者的項上人頭。

〈Media Watch媒體觀察—美麗與哀愁Phillipine〉

（編按）新聞自由與記者安全，應該是民主國家政治發展的一體兩面，但是在菲律賓這個曾經擁有傲人政經發展的國家，政客貪腐日劇，媒體受害尤烈。

中國國家主席胡錦濤，四月二十日起將訪問菲律賓，此一出訪行程受到東亞各國關注之際，國際記者聯盟則是向包括台灣在內的全球記者組織，公布了菲國迫害新聞記者的「真相調查報告」。

這份報告是由現職雪梨晨鋒報的澳洲資深記者季拉德‧諾藍（Gerard Noonan），受命率領的調查小組（IFJ fact finding mission）所撰寫，報告披露：菲國自一九八六年民主化開始迄今，已有六十六名新聞人員慘遭殺害，這樣的死亡記錄，僅次於目前深陷戰火的伊拉克。

報告指出，菲律賓的政客與奸商只要一百美元，僱用摩托車槍手執行獵殺，就可輕易拔除記者的批評，部分貧困地區，甚至只要花費八十美元就可買下記者的頸上人頭。

以記者迪瑪利歐為例，他因為持續在媒體上批判政商勾結、貪腐販毒等惡行惡狀，二○○二年，在他離開記者會場後即遭人格斃，涉案人是當地一名警員，但在經過短暫拘留後竟告失蹤，主要目擊證人，也在警方保護下遭到滅口。

威脅記者當場吞下報紙

調查小組也公布了其他記者的個人親身案例，報告指出某位警察首長，因為不滿記者的尖銳報導內容，將記者傳喚到辦公室，一陣斥責後，威脅撰稿記者當場吞下當天所發行的這份報紙。

菲國記協（National Union of Journalists of the Philippines）自我剖析指出，菲律賓記者目前身處在兩極對立與國家分裂的社會當中，民主倒退，場景彷若回到馬可士獨裁統治時期，軍情系統可以以支持恐怖組織、叛亂團體等名義遂行媒體監控，刑法成了箝制新聞自由的工具，媒體也可以在傳播「壞新聞」（bad news）的標籤下，遭到軍方強行脅迫關門。

菲國記協也強調，暴力與威脅，不但是菲律賓記者所面臨的挑戰，同樣也是菲律賓人民每天所必須面對的困境。

菲律賓媒體不斷大聲疾呼，籲請馬尼拉當局採取有力措施，治理整頓民主危機，保障新聞人員的採訪安全。為此，菲律賓全國各家廣播電台更同步暫停播音二分鐘，以追悼死難同業，所有報紙與電視台並發表評論表達追思，總統艾育諾也誓言，將採取一切必要手段緝凶。

但是菲律賓記者槍口下採訪新聞，慘遭殺害案例卻是有增無減，調查指出，迄今只有單一個案遭到法辦，犯案人逍遙法外，沒有人知道是誰殺了記者。

國際記者聯盟要求菲國正視

最新消息指出，菲律賓政府因為不滿「真相調查報告」內容，已依誹謗罪名起訴菲國記協成員，菲律賓政府並在「認識敵

人」（Knowing the Enemy）報告中，指控記協已遭受共產黨影響滲透。對此，國際記者聯盟則是要求總統艾育諾正視問題，停止一切政治迫害。

面對新聞自由遭遇暴力蹂躪情形，假設，胡錦濤與艾育諾晤面時，新聞自由與記者安全能夠列入兩國共同討論議程，除可一新世人耳目，更可贏得舉世讚譽。但是，當中國與菲律賓對記者的迫害同遭譴責，卻無力扭轉的同時，這樣的想像畫面，短期間可能很難實現。

十、認識印度，制衡中國

這是兩個崛起中的強權，既合作又對抗，就是要取得亞洲社會主導權。

〈Media Watch媒體觀察──亞洲新興強權India vs. China〉

（編按）雖然都是人口超過十億的大國，但是印度與中國過去歷史卻是戰爭敵對，彼此互不信任。印度人認為中國想圍堵印度，因此才會和巴基斯坦及南亞幾個小國，尤其是尼泊爾，發展密切關係；中國人則是認為印度正結合美國勢力進行圍堵。

台灣媒體最近熱炒金磚四國，其中對於印度與中國著墨甚多，正當朝野熱烈討論之際，中國總理溫家寶，五日起也前往巴基斯坦、孟加拉、斯里蘭卡及印度等南亞四國訪問，重點則是鎖定九日的印度之行，但此行仍難抹去一九六〇年代的中印戰爭陰影。

事實上，中印政治互信不足，並非僅止綿延數千里的邊界問題，而是源自彼此發展競爭，以及戰略資源的爭奪。

以石油為例，最近幾個星期，國際油價受到預期心理影響，從去年底的每桶四十二美元飆漲到五十七美元，直逼六十美元大關。油國組織秘書長阿南（Adnan），上月接受科威特日報（Al-Qabas）訪問時即預示，油價未來二年不排除到達八十美元的新高水準。

高油價發展趨勢，受到全球媒體一致關注，因為除了氣候異常與人為炒作等結構性因素，中國與印度已成為推動原油需求激增的重要觸媒。

中印強權，矛盾持續

分析指出，中印經濟的崛起與原油價格上漲，緊密連動，富比士線上即指出，中國已成為僅次於美國的第二大原油進口國，今年的進口量將較去年再成長20%，這已觸動印度發展的敏感神經。

這使得北京與新德里兩大崛起中的亞洲強權，潛在矛盾持續存在。

史帝芬柯恩（Stephen Cohen）在「印度：成型中的強權」一書中明白指出，中國人藐視印度於區域、亞洲及整個世界中的地位，部分印度人也認為中國想圍堵印度，因此才會和巴基斯坦及南亞幾個小國，尤其是尼泊爾，發展密切關係。

中國同樣對印度戒慎恐懼，因為印度不但承襲了英國帝國主義政策，更庇護了達賴喇嘛及將近十萬西藏人，構想將西藏形塑為一個緩衝國，而這才是「印度對中國的真正威脅。」

身為全球第三大製造國的中國，二〇〇四年總計消耗全球50%的水泥、30%的煤炭，二〇〇四年鐵礦進口量更達到二點零八億噸，超過日本成為世界第一大進口國。全球預估今年四月之後，國際煤礦與鐵礦價格將再呈倍數成長，中國則是預估今年鐵礦價格將再上漲71.5%。

這讓同樣處於能源困境的印度備感壓力，根據彭博社報導，印度雖然同屬全球發展最快的經濟體之一，但是七成石油都必須依靠進口。為此，印度嗆聲，將與中國競爭海外油源與各項資源，以維持經濟成長。

面對中印競逐現勢，聯合國貿易暨發展會議也表示，亞洲各發展中國家應該停止仰賴中印兩個崛起中經濟強權的進口產品。雖然預估亞洲各國二〇〇五年平均成長率將達6.5%，二〇〇六和

二〇〇七年成長率將會更高，但是仍必須早日定出分散來源的長期策略，以確保本身的自主性。

預估二〇二〇年，中國能源供給失衡

二〇〇四年，中國每日石油消耗量為五百七十萬桶，但是石油儲存量只佔全球2%，年產石油只有一點八億噸的中國，二〇〇五年全年消耗量將是二點五億噸，預估二〇二〇年將需要二十八億噸，才能支應經濟成長需求，中國能源供給失衡，就算將全球年產總量三分之一的出口石油，大約十五億噸原油，全數供應中國，恐怕也難滿足需求。面對全球資源重分配，也難怪印度會提高警覺。

中國面對美印建立戰略對話管道，在「更廣泛堅定的戰略關係」架構下，推動印度成為「二十一世紀世界主要強權」構想，冀望藉印度牽制崛起的中國之外，對於印度申請成為聯合國安理會常任理事國、發展大型艦隊等戰略立場感到很不自在。

更何況印度亞洲通訊社報導也指出，印度海軍以安全為由，封殺自中國購買高速快艇的計劃，中國媒體評論即指出，儘管最近以來中印關係明顯改善，印度也不再公開評論中國威脅論，但是印度國安部門仍然鎖定中國是競爭對手。

印度和美國有著密切的文化、社會及經濟關係，和中國卻存在強烈不安。尼赫魯指出中國人神秘難解，「他們可以笑著告訴你一些最冷漠、殘酷的事情……，主要原因還是中國人的性格使然」。印度鷹派觀點認為，除非印度的核武能力能和中國分庭抗禮，否則中國決不會在爭議經年的領土問題上讓步，印度也必須防範中國利用軍事、經濟與戰略資源進行圍堵。

中國擁有龐大的土地與人口，消耗可觀的資源，當中國布局

全球，利己排他的同時，無可避免的也將擴大與印度的緊張關係。

　　當陳水扁總統提出「七點共識」，強調兩岸經貿不能一味開放，卻忽略最根本的「有效管理」之際，台商何妨建構宏觀布局，在這個擁有完備新聞自由、政治民主與經濟潛能的南亞大國另闢戰場。

十一、九月到聯合國嗆聲去

台灣媒體秉持專業自主意理，卻成了國際政治角力下的
受害者。

〈Media Watch媒體觀察—Say Yes to Taiwan〉

（編按）因為台灣不是聯合國的會員國，使得台灣媒體的國際採訪權連帶遭到剝奪，面對重大議題採訪時，作為全球人權領導者的聯合國，如此系統性地傷害新聞自由及記者報導的基本權利，實在令人難以接受。

聯合國秘書長安南五月三日在世界新聞自由日大會上致詞，特別強調「世界人權宣言」第十九條，闡述確保言論自由和新聞自由，對全球民主和平發展的重要性，指任何的媒體審查、新聞設限、恫嚇干預等行為，都是剝奪民主、阻礙發展、威脅安全的不當做法。

但是對比安南五月三日的談話，當第五十八屆「世界衛生大會（WHA）」五月十六日起在日內瓦召開前夕，中央通訊社於五月六日自日內瓦發布新聞披露，聯合國新聞處再次拒絕台灣記者的採訪申請。

新聞處所依據的理由，是聯合國紐約總部在去年十一月所公布的「記者證核發辦法」，除了一般規定事項外，特別要求申請者，必須提出由「聯合國大會所承認國家」的有效護照，排除了持有中華民國護照的記者採訪聯合國新聞的權利，這樣的歷史重演做法，再次引起台灣媒體的憤怒。

▌國際記者聯盟仗義直言

台灣新聞記者協會立即發表聲明，表達嚴正抗議與遺憾立場，記協在致函安南的信件上，再次力促聯合國正視、改正此一嚴重侵犯新聞自由的做法。

台灣記協二〇〇四年在雅典舉行的國際記者聯盟（IFJ）年會上，曾經以會員組織身分，提案要求IFJ聲援，獲得與會全體會員組織無異議通過，並去函聯合國表達抗議，未料今年再度發生此事。

IFJ會長Christopher Warren，當時即在亞洲分區會議與大會中特別強調，這項提案關乎的不只是台灣記者所面臨的問題，而是全球記者都應享有的公平待遇。此外，IFJ副會長Linda Foley與秘書長Aidan White也都挺身發言支持台灣維護採訪權的做法。

Aidan White署名致函安南、世衛組織與聯合國教科文組織的信件也指出，「拒絕採訪申請將破壞台灣記者報導國際事務的能力，而記者是獨立的個體，不應該被認定是所屬國家的代表」。

記協與會代表邱家宜，在雅典年會報告二十九號提案時更指出，面對世界衛生會議的召開，台灣新聞記者遭聯合國拒發採訪證對待，如此不公平的作法已嚴重傷害台灣記者的採訪權利。

二十九號提案中也強調，台灣早在一九七一年即由中國取代在聯合國席次，因此，台灣在與聯合國相關組織上頻遭阻擋，台灣記者在國際採訪上也受到種種歧視與不公平對待，聯合國以台灣並非會員國為由拒絕發給WHA採訪證，如此的作法對新聞自由而言不啻一次倒退。

二十九號提案獲得各國支持

二十九號提案更進一步指出，台灣與中國複雜的歷史性糾葛已持續經年，但即便台灣在國際上遭到孤立與杯葛，這樣的一次剝奪採訪權的作法卻是毫無道理的一件事，因為台灣人民有知的權利，而這也符合IFJ所高舉的核心價值。

國際記者聯盟（IFJ），這次也在五月十二日再次發表聲明支持台灣記者採訪權，指責聯合國做法已侵犯台灣記者的權利，要求聯合國應全力維護台灣記者的採訪權。會長Christopher Warren指出，作為全球人權領導者的聯合國，如此系統性地傷害新聞自由及記者報導的基本權利，實在令人難以接受。

為此，國際記者聯盟人權小組也要求世衛組織派員面對面溝通，力圖在大會召開前爭取台灣記者採訪權益。

事實上，五月初的聯合國達卡會議，以「良政與新聞自由」（Good Governance and Press Freedom）做為大會主題，呼籲尊重新聞自由與媒體採訪權，獨立、多元的媒體表現，更是確保社會透明與信賴的基本要素，如此才可達到政治良善，免於腐敗。

聯合國教科文組織幹事長松浦一郎也強調，全球應齊心致力消除妨害新聞自由的障礙，改善獨立與專業新聞報導條件，並對所有新聞工作者表達敬意。

但是這些聲明與決心，卻因政治因素將台灣媒體排除在外，台灣新聞記者成了國際採訪工作上的隱形人，尤其面對的是全球普世價值的健康議題，以及新聞自由等議題時，台灣卻無緣置喙。

無疆界記者組織（Reporters without borders）聲明即表示，聯合國拒絕發給台灣記者採訪世衛組織大會記者證的決定，純為政治因素，阻礙新聞自由和資訊權，聯合國必須改變此一不當的

做法。

安南在重塑聯合國全球形象過程中，特別以「大自由」做為建構主軸，新聞自由將在二〇〇五年的九月大會期間扮演重要角色。當安南不只一次的強調，對新聞工作者而言，「言論自由是記者的信條」時，台灣記者的權利卻是被以另外一套標準摒除在外，如果所有的理性訴求都遭到漠視時，也許九月的紐約聯合國大會，將是台灣記協訴諸國際輿論公評的另一個新戰場吧。

十二、小蝦米與大鯨魚的戰爭

泰國總理達辛角色失焦，政客與媒體的結合已限縮了新聞專業空間。

〈Media Watch媒體觀察─政媒兩棲Thailand Media〉

（編按）經濟持續增長的泰國，卻由於總理達辛家族經營媒體左右輿論，使得泰國二〇〇五年新聞自由度排名，在一百九十三國家中排名只有八十八，新聞工作者動輒得咎，訴訟纏身。

正當台灣媒體因為競逐誹聞、八卦與獨家新聞，遭到媒體改造組織質疑與抨擊之際，台灣的鄰國——泰國，新聞媒體則是受到政治箝制所苦，如今，好不容易的似將露出一線改變的曙光。

二〇〇一年，達辛出任泰國總理，透過細緻政治操作與媒體掌握，使得人民無法經由國會進行制衡，媒體同樣也無法有效監督，達辛成為泰國君主立憲政體實施以來，最強勢的領導人，將泰國逐步帶向「集權式民主」，令周邊國家為之側目。

國際記者聯盟（IFJ）即指責達辛動輒以解雇、控告方式對待媒體，連番將媒體當成政治工具，逕行操作與影響選舉，作法拙劣。

政媒兩棲，達辛與貝魯斯都是大亨

一九八七年創辦的Shinawatra媒體集團，一舉將達辛推上全球富豪之列，一九九〇年，Shinawatra媒體集團改名Shin集團上市，壟斷泰國衛星電視與行動電話市場。英國金融時報全球二十五位最具影響力的億萬富豪報導當中，即將排名二十一，擁

有十四億美元身價的達辛，與排名全球第四，擁有百億美元資產的義大利總理貝魯斯科尼，並列排名為政媒兩棲的媒體大亨。

自由之家二○○五年新聞自由排名，泰國在全球一百九十三國家中排名八十八。新聞自由度難以提升的主要原因，竟然是總理達辛家族經營媒體、左右輿論，以及政府採取銀行貸款、執照發放、政府廣告等方式操縱媒體所致。

事實上，達辛漠視新聞自由的舉措，已扭曲了泰國媒體的健全發展。

其中，泰國媒體改造運動（Campaign for Popular Media Reform）秘書長蘇萍雅，即因一篇不利達辛的調查報導內容，遭到Shin集團控告，求償一千萬美元。此外，Shin集團二○○○年十一月以握有逾50%股權，入主泰國唯一民營的ITV電視台，二十一名員工因籌組工會原因遭到無預警解雇，凡此，都是泰國新聞自由步入黑暗期的關鍵指標。

泰國記者協會（TJA）即指責泰國政府，頻以媒體扭曲、捏造事實為由，不斷對媒體提出控告，更以抽換廣告、施壓經營階層等方式，干涉新聞自由，箝制掌控媒體。

東南亞新聞聯盟（Southeast Asian Press Alliance）也譴責此一政治干預媒體做法的失當。因為這樣的管理方式，不但令記者產製新聞過程中，延伸出自我新聞檢查的寒蟬效應，更對泰國民主與言論自由造成傷害。

ITV電視台員工纏訟四年，年初經法院宣告勝訴，ITV必須支付遭解雇員工四年薪資、恢復原職。這件司法案件的審理結果，已不僅是一場「小蝦米與大鯨魚戰爭」的拔河對抗，IFJ即指出，這不只令記者的勞工權獲得保障，更是全球新聞自由的一次勝利。

　　IFJ也要求達辛家族賣出ITV電視台持股，以確保泰國新聞的獨立自主。

　　在此同時，泰國記者協會與媒改組織，也將出席七月七日到十日，由台灣記協在台北所召開的國際會議，針對從「法院而生的媒體寒蟬效應」（Silencing the press through the courts）主題，與各國媒體代表交換共同心得，也許從會議當中，可以令每日陷溺追逐誹聞、八卦等口水新聞的台灣新聞工作者，也能有一些的啟發。

十三、美國大選，媒體改造呼聲響起

媒體權力等同政治權力，勢將影響全美人民的所思所想。

〈Media Watch媒體觀察──美國經驗Media Reform〉

（編按）不分台灣或是歐美國家，電視媒體仍為閱聽人的主要資訊來源。但以美國現況觀察，二〇〇〇年美國總統大選時，美國選民資訊來源主要是依靠無線電視晚間新聞，二〇〇四年則以有線電視新聞為主，似已形移勢異，但是人民的不滿情緒卻未曾稍減……

從二〇〇四年總統大選灌票爭議、廉價口水節目氾濫，到腳尾飯風波，使得台灣閱聽大眾怨聲四起，質疑財團壟斷，政府管理不力，要求媒體改造聲音響起。但是當東森新聞 S台等七個頻道未通過衛星電視台換照，受到部分未通過的頻道業者質疑審查過程「黑箱作業」，使得行政院新聞局被迫再次站上火線，強調必要時新聞局擬公布面談、審查內容，提供檢驗。

美國同樣也是媒體改造呼聲響起，選舉新聞不公成為導火線，二〇〇四年美國總統選舉，共和黨的布希力保連任，民主黨的凱利則誓言為高爾湔雪前恥，媒體成為左右選情的重要關鍵。

面對選前混亂、急迫的關鍵時刻，美國媒體也成為候選人攻城掠地的爭奪目標，但媒體也因所有權過度集中、壟斷市場，以致報導失衡頻遭質疑，其中，尤以電子媒體最受關注。

Ben Bagdikian在《媒體壟斷》第六版即指出，全美媒體所有權集中情形嚴重，從一九八三年的五十家、一九八七年的二十九家、一九九〇年的二十三家、一九九二年的十四家、一九九七年的十家、二〇〇〇年的六家，一直到二〇〇四年的五家，這樣的

發展令美國社會深感不安。

美國二〇〇〇年總統大選，佛州事件陰影難消，為避免重蹈媒體操控閱聽人訊息來源覆轍，美國社會要求媒體改革呼聲即持續不斷。

「因為媒體權力等同政治權力，影響全美人民」（南加大教授Nancy Snow二〇〇三年FCC媒體集中化論壇發言）。

▍政府是由媒體在經營

Dick Morris 在《選戰大謀略》中也自陳，柯林頓未曾低估媒體力量，他曾感歎：「老百姓不曉得，政府是由媒體在經營」。柯林頓認為媒體上出現的每則報導都反映出記者或作者的偏見。

話雖如此，但媒體仍是利害關係人爭取曝光、封殺對手，積極駕馭的宣傳利器。

Fairness and Accuracy in Reporting等團體即曾動員連署，抨擊福斯電視報導選聞不公，過度偏袒布希。

這一組織從二〇〇三年六月三十日到十二月十九日，以二十五周時間追蹤福斯電視「Special Report」節目，指責節目常態邀請保守派共和黨來賓進行一對一訪談，缺乏多元政治光譜，導致節目內容嚴重失衡，始作俑者就是幕後老闆梅鐸，梅鐸也因此被指為是布希「家臣」。

美國《商業周刊》披露，梅鐸透過衛星電視建構起橫跨五大洲的媒體帝國，擁有一百七十五份報紙，佔有超過美國四成比率的三十五家電視台，全美每天更有五分之一的家庭固定收視新聞集團所播出的各項節目，即可看出這一右翼政治主張的億萬富豪的媒體影響力。

對此現象，一九九九年Goldsmith 書卷獎得主的伊利諾大學

教授Robert McChesney在「Rich Media, Poor Democracy」書中即憂心指出，「媒體壟斷，威脅美國民主發展」。

梅鐸在二○○○年大選中最引人物議之處在於，聘用了布希表親約翰艾里斯負責選情之夜的計票節目，紐約客不客氣的指出，艾里斯毫不避諱的在當晚節目中，利用一整晚時間對布希昆仲進行訪談。

對此責難，福斯電視則是宣稱，當晚的選情之夜節目創造了六百八十萬人的高收視。

面對此一說詞，福斯電視也被外界貼上了布希總統有力支持者的標籤。福斯新聞頻道目前是全美排名第一的有線電視台，如此作法無疑將更引來質疑聲音。

事實上，傳播科技發展仍無損於電視作為閱聽人的主要收視來源，Pew Research Center調查指出，二○○○年大選時，美國選民資訊來源主要依靠無線電視晚間新聞，二○○四年則以有線電視新聞為主，公視則為一成六左右收視表現。從以下各媒體閱聽調查表現，可看出電視仍扮演著舉足輕重的角色。

各媒體閱聽調查：

電視為主要新聞來源：是79%、不是21%

廣播為主要新聞來源：是49%、不是51%

報紙為主要新聞來源：是60%、不是40%

收看無線電視為主：常態34%、偶而28%
　　　　　　　　　　曾經16%、沒有22%

收看有線電視為主：常態38%、偶而33%
　　　　　　　　　　曾經10%、沒有19%

收看公共電視為主：常態16%、偶而19%
　　　　　　　　　　曾經15%、沒有49%

電視與政客互利共生

全美二○○二年電視政治廣告統計，一年營收即達到十億美元，由此可見電視媒體與政客互利共生的緊密關係。

為推動選民說服，布希提前在全美五大電視網投下上千萬美元競選廣告，發動廣告攻勢，周復一周強調同樣主題，降低負面報導衝擊，模糊對手政策主張，並以二○○○年大選中落敗的十七州一級戰區為主要文宣戰對象。

為免陷入苦戰，凱利也重擬全盤戰略，投入資源同樣在十七州遍撒電視廣告進行圍堵，反駁布希負面文宣。

布希之前即曾推出「一百天」的負面電視競選廣告，扭曲凱利競選政策，以「錯在稅收、錯在國防」為基調，強調凱利一旦贏得大選，可能出現的兩大「執政錯誤」。

首先是凱利在上任的一百天內將加稅九百億美元；其次，凱利在對付恐怖主義、保護美國安全政策上優柔寡斷，將會削弱愛國法案效力，因為凱利主張必須獲得聯合國同意才會採取行動，這樣的電視廣告一度導致凱利陣營步履錯亂，聲勢下挫。

凱利則以「誤導美國」文宣廣告進行反制，摧毀布希競選氣勢，廣告強調，布希「在每一個十字路口都把美國帶上錯誤的道路」、「布希的廣告根本就是無中生有」，藉由廣告傳達選民的不滿。

Annenberg Public Policy Center調查顯示，電視競選廣告仍具有左右選民投票傾向的重要力量，Adam Clymer即指出，凱利在五月起的全國性個人競選廣告，即曾有效扭轉戰況激烈二十州的個人形象，並提升個人支持率；相對布希支持率下滑，主因是新聞媒體大幅報導美軍在伊拉克死傷的負面新聞所致，以下是從二○○四年三月到五月間受到電視廣告與政策主張影響，選民民調

支持度表現：

	布希			凱利		
	支持	反對	中立	支持	反對	中立
5/17—5/23	44%	44%	10%	44%	32%	18%
5/03—5/16	48%	38%	13%	39%	33%	23%
4/15—5/02	48%	39%	12%	36%	35%	24%
4/01—4/14	46%	37%	14%	36%	31%	21%
3/16—3/31	49%	39%	11%	40%	28%	22%
3/1—3/15	49%	39%	11%	41%	27%	22%

　　面對布希與凱利兩陣營爭相推出電視負面廣告，雖然選民都理性表示不會相信這樣的「不實」競選內容，但是民調結果仍顯示，從布希不實指出凱利當選後會加稅，到凱利誇大指責布希任內導致三百萬人失業，都使得不少選民相信的結果看來，密集電視廣告還是具有不小的威力，以下是兩陣營負面議題的民調結果：

	共和黨籍		民主黨籍	
	相信	不相信	相信	不相信
凱利當選後會加稅	46%	40%	26%	61%
布希任內導致三百萬人失業	54%	38%	81%	13%
凱利將把每加崙汽油加稅50分	56%	29%	33%	57%
布希將減少社福預算以增加富人減稅支出	25%	65%	58%	31%

媒體民調探測選情

歷屆美國總統大選，媒體民調一直是探測選情的重要工具，候選人不僅可以從中發現與建議，擬定選戰策略，更可以分析政策是否獲得選民支持。

柯林頓九六年選舉，民調就幫助他了解誰不喜歡他，以及為何不喜歡他的原因，從民調數字裡，候選人看到自己的缺點與潛力，成功和失敗。

二○○四年總統大選，幾家媒體民調數據也顯示，布希與凱利選情緊繃，勝負應在幾個百分點之差。民調升降，對競選陣營整體士氣與選民投票行為，無疑都會造成一定影響。

布希競選幕僚即曾表示，如何扭轉劣勢，重新凝聚流失的民心，透過民調探知選民動向是取得勝選的重要手段。

以WSI/NBC二○○四年七月十九日到七月二十一日民調顯示，支持布希參選的受訪者是46%，反對是47%；如果今天是投票日，支持凱利的受訪者是45%，支持布希的是47%，可見選情之緊繃。

Pew Research Center民調則指出，支持凱利選民為46%、布希為44%、耐德為3%；相信布希有能力處理伊拉克問題的選民為42%，指責布希缺乏可行方案者為59%。

民調數字表現，就成為候選人重要參考依據，戰略擬定與資源配置，常隨著一、二個小數點的起伏而有所調整。

但是除了選民支持度以外，選民所關心的是候選人的「牛肉在那裡？」因此，兩大陣營的實質議題就很重要。

Center for Media and Public Affairs民調即顯示，歷屆總統選舉在媒體上呈現的實質議題討論比率分別如下：一九八八年為15%、一九九二年為32%、一九九六年為44%、二○○○年為

22%、二○○四為18%，剩下的主要為賽馬式選舉新聞。

但電視媒體老闆對候選人的實質議題似興趣缺缺，如何刺激收視率、增加廣告量才是關心焦點。

面對媒體報導失衡與惡質競爭，Alliance for Better Campaigns、Common Cause

與 Alliance for Community Media等組織積極串聯，幾年來持續透過社會力量動員，推動多元、獨立自主的媒體草根運動，拒絕被龐大政商媒體集團壟斷資訊來源，避免二○○○年布希與高爾佛州計票事件重演。

根據Fairness and Accuracy in Reporting 指出，二○○○年大選，《新聞周刊》民調顯示，75%受訪者要求先解釋清楚選舉議題上的合理懷疑，NBC News/Wall Street Journal 民調也表示，55%受訪者傾向重新計票，即使因此要花上幾個星期也在所不惜，但這樣的聲音卻遭到保守派媒體的刻意忽視。

Institute for Public Accuracy執行主任 Norman Solomon即點名2000年大選時，ABC、CBS、NBC、CNN、Fox、PBS等電子媒體報導失真，以不正確的新聞內容，堅定語氣報導總統賽局，贏家已定的說法，意圖使布希當選。

McChesney and Nichols在《這是我們的媒體，不是他們的》（Our Media, Not Theirs）一書中即強調，「媒體應該回應人民的需求，而不是被資本家的貪念所操弄」。從美國大選爭議這樣的全民媒改力量，似可予台灣更多的啟示。

十四、總統與媒體互動

媒體與總統互為依恃，也常是怒目相待。

〈Media Watch媒體觀察—Media Interaction〉

（編按）布希深諳，擅與媒體溝通的美國歷任總統，往往都能獲得比較成功的施政表現。

美國總統布希最近為了卡崔娜颶風與伊拉克戰爭灰頭塗臉，但是回溯二〇〇五年四月二十八日布希對全美演說，行銷社會安全與油價議題，為了溝通ABC、CBS、NBC與Fox等四大電視網的記者會時段，幕僚群煞費苦心協調每一個播出細節，仍然值得提出檢視。

白宮希望播出時間在晚間八點半到九點半，但對各台而言，這樣的時段分配不但將高收視率節目一切為二，也影響了西岸、中部與東岸的收視時差，各台更因緊臨明年廣告預算分配的「五月清算期」，沒有人願意在黃金時段，現場轉播沒有票房保證的總統記者會。

這從CNN知名主播Judy Woodruff四月底甫遞出辭呈，所主持的十二年老牌新聞節目「政治內幕」（Inside Politics）即面臨停播命運可見一斑，因為美國觀眾對政治議題已大感疲憊，收視率也逐步走滑。

▌議題設定左右形象建構

即使面對總統大選後的政治冷感氛圍，布希及幕僚群每天仍積極設定新聞議題，形塑正面報導，消除負面形象，期待媒體聚焦，讓全美人民感動於布希為反恐與振興經濟的奔波努力，布希

不但時刻關心媒體表現，甚至鼓勵各級官員投入資源，強化媒體互動。任務分工上，布希主責平面，錢尼負責電子，萊斯則是緊盯民調，這也是為什麼假日時，常會看到錢尼上電視，搶佔各台新聞時段的原因。

對比布希「用心」，阿扁對媒體似待加強，除對連戰中國行談話，引起支持者與民進黨內反彈，媒體表現上，府院黨也是步調不一。

另據媒體披露，阿扁出訪南太平洋三友邦，期待藉營造與媒體茶敘機會，闡述連戰訪中與政府兩岸政策，也因衛星接收不利，以致三日中午十二點半的直播記者會損龜。

阿扁二○○○年就任總統後，常自嘆，在台灣，總統讓人家罵，照三餐罵，連宵夜都罵，檢視最近半年的媒體版面，阿扁似乎仍深陷受辱挨罵，他說「習慣就好」。但是當阿扁與媒體間刻板互動定型，施政績效信賴度隨之下降也就不足為怪了。

阿扁總統二○○五年的中美洲高峰會，針對轉赴阿布達布一事，他是斷然指出，媒體應為國家利益著相，勿因率性報導招致中國打壓。他也強調，回程一定會過境舊金山回台北，絕對不會過境中東，但事後證明，阿扁確實轉往阿聯。

對此，阿扁解釋，整件事都是為了國家利益考量，請大家諒解這個善意的謊言。但是很顯然的是，仍然是有部分人並不滿意阿扁這樣的說詞。

觀察布希細緻媒體經營，不但勤於邀訪主流媒體溝通，甚且深耕地方媒體，這以二○○三年十月，布希毫無大小眼之分的接受五個地方媒體專訪，贏得一致好評，即可見其用心。布希深譜，擅與媒體溝通的美國歷任總統，往往都能獲得比較成功的施政表現，細數美國近百年史，自老羅斯福以降，成功的執政者，

都是與媒體的互動高手。

布希二十八日的演說，最後終於在收視排名落居第四的NBC點頭配合下，四大電視網「忍痛」同意在晚間八點到九點播出。布希感謝的同時，也不忘奚落四大電視網一番，就在記者會行將結束前二分鐘，布希自拉自唱的告訴在場記者：「最後一個問題。」「雖然我也不是硬想插隊播出，壞了你們的荷包，但是……。」

九點一到，話未講完，布希現場畫面隨即被切換，這就是美國總統與媒體間的遊戲規則，即使不願意，還是得配合。

十五、烏克蘭的新聞自主經驗

面對官方刻意進行資訊封鎖，烏克蘭媒體無懼高壓，採取集體抗爭。

〈Media Watch媒體觀察─Ukraine Democracy〉

（編按）烏克蘭爆發顏色革命的關鍵時刻，腐敗政權強力彈壓，指導媒體報導方向，但是新聞工作者前仆後繼強力捍衛新聞自由，投身民主自由奮戰的努力，或許值得面臨混沌困局當中的台灣新聞工作者另一層的思考空間。

正當國人目光擺在美國總統大選，以及美國媒體重現二千年選邊站局面，呼籲選民支持特定候選人之際，台灣人的國際政治焦點或可轉移關注在強鄰環伺下的烏克蘭總統選情。

烏克蘭在二○○四年十月三十一日經歷了一九九一年脫離蘇聯獨立以來，競爭最激烈的一次總統大選，其中，媒體記者挺身對抗政府，尋求新聞自由的努力，值得身在台灣的我們給予多一些的關注。

烏克蘭與台灣政經往來密切，這樣的關係發展，也一度盛傳台灣空軍曾派人到烏克蘭首都基輔，試飛蘇愷戰鬥機。

十月三十一日的烏克蘭總統大選共有二十四名候選人競逐，其中，親俄羅斯的烏克蘭現任總理亞努科維契，和親西方的前總理尤西科勢均力敵，由於兩人選票皆未過半，確定將投入十一月二十一日的第二輪選舉。

選情緊繃，但是兩人的媒體曝光率卻嚴重失衡，官方刻意封鎖尤西科新聞報導空間的作法，引起烏克蘭的媒體工作者強力反彈，超過二百名電視記者公開抨擊政府惡劣採取脅迫手段與政治檢查新聞作法。

　　亞努科維契，背後主要支持力量是醜聞不斷的烏克蘭現任總統庫契馬，庫契馬也被指涉與四年前調查政府貪污腐敗的新聞記者岡克德茲之死有關。

蒲亭受訪，企圖影響選情

　　庫契馬一度有意進行修憲尋求連任，二〇〇五年四月，烏克蘭國會經過八小時激烈憲法辯論，在國會四百五十個席次當中，兩百九十四票贊成修憲，距離三分之二的三百票門檻還差六票，使得庫契馬不得再競選連任，於是轉而支持亞努科維契。

　　十月三十一日，烏克蘭全國投入選舉，動員十四萬名員警維持投票秩序，全球近四千名觀選人士觀察大選，媒體在其中扮演關鍵角色，並獲得國際輿論支持。

　　大選前夕，俄羅斯總統蒲亭，以參加烏克蘭擺脫德國法西斯六十週年紀念名義，於二十六日接受烏克蘭國家電視台面對群眾現場節目訪問，此一舉動，遭人物議為企圖影響選情。

　　根據國際新聞記者協會指出，烏克蘭電視台記者於二十八日在首都基輔召開記者會，要求獨立自主編輯權，這樣的作法遭到電視台管理階層攻詰，指責此一行為是受到反對黨的新聞操控。

　　二十九日，烏克蘭第二大電視台「1＋1」七名記者在所有努力都告失敗情況下，於電視台內發動集體罷工，擴大抗爭行動。

　　四十二名各家電視台記者也宣布堅守新聞專業倫理，拒絕處理未署名消息來源報導的主張。

十八家電視台記者動員反制

　　這樣的抗議連署，在兩天之內擴及到十八家電視台的一百八十一名記者，連署集會後隨即提出兩點主張，首先強調將

糾舉任何一家電視台解聘連署記者的作法；其次是大選期間，對於阻止群眾抗議、軍警侵犯與壓迫行動的報導，連署記者將會採取反制行動。

記者的集體力量迫使烏克蘭政府妥協，公共頻道UT-1二十九日即首度專訪反對黨總統候選人尤西科，以及國會言論自由委員會召集人尼可拉多科，使得新聞平衡報導與多元言論成為可能。

但是之前的第五頻道記者絕食抗議行動，卻引起了法院可能據此取消電視台執照，與凍結銀行帳戶作法，此舉迄今仍然威脅著烏克蘭的新聞自由。

烏克蘭這次總統大選，在地緣政治主張上，雖然確立了未來與歐美交往，制衡俄羅斯的可能政治選項，但是烏克蘭記者強力捍衛新聞自由，投身民主自由奮戰的努力，或許值得面臨混沌困局的台灣新聞工作者另一個思考的空間。

十六、二○○四東亞記者論壇

韓國與中國聯手打壓,為了維護組織名稱尊嚴,我們決
定抗議。

〈Media Watch媒體觀察—記者專業與榮譽Korea〉

(編按)韓國主辦單位刻意避開台灣新聞記者協會的組織名
稱,配合中國記協,改稱我們是中華台北,令人孰可忍,孰不
可忍,我們意識到必須發表聲明,清楚說明立場對於中國刻意
打壓台灣NGO組織在國際專業組織空間的強悍做法,雖然令人
不滿,但對韓國主辦單位失格的作為,則是更令人感到遺憾。

　　兩岸緊繃關係延燒到於十一月十六日到二十一日於韓國漢城
舉行的「二○○四東亞記者論壇」(East Asia Journalists Forum)
大會,飯店登記資料的國籍欄上寫著我們是「中國」,雖然立即
更名為「台灣」,但仍令人感到不快。

　　「東亞記者論壇」正式會議在十七日起一連四天在漢城與慶
州兩地舉行,共有二十個國家,六十位代表與會,「東亞記者論
壇」緣起於韓國記協於二○○三年十月所籌設舉行,目的在團結
亞太地區記者組織,促進此一地區之新聞自由發展。

　　但是,此次會議原意應為各國記者組織的專業經驗交流,卻
意外引發台灣與中國對於「台灣」記者協會的名稱爭議,這樣的
爭議一直到二十日的晚宴上仍持續上演。

　　會議第一天在漢城的「全國記者俱樂部」大樓召開,台灣記
協與IFJ各國會員同坐,主辦單位韓國記協稍後也將中國記協代表
安排與IFJ會員同坐,只見中國代表手持各國論文彙編,質問主辦
單位,為何論文發表單位,未將「台灣」改為「中國」,韓協表

示已將台灣代表的飯店登記國籍欄改為「中國」，論文部分則是
工作人員作業「疏忽」所致。

我們在一旁聽了此一無禮對話，隨即表明身分是來自台灣
的記者協會代表，並追問中國代表究竟有什麼問題，現場氣氛尷
尬，中國代表反倒顧左右而言他，不願回答。

韓國記協心口不一

我們轉而追問韓國記協，為何要如此對待一個昨天才緊緊相
擁，暱稱台灣代表是「My Brother」的親密朋友，背後卻粗暴打
壓台灣記協的組織名稱，但未獲韓協的正面回應。

大會第一場論文發表之前，主辦單位首先介紹中國記協代
表，緊接著以「中華台北」名稱介紹台灣記者協會及「中國香
港」名稱介紹香港記協，使得台灣記協組織名稱遭到與會代表的
不當聯想。

為顧及組織名稱尊嚴，我們隨即向韓協提出嚴正交涉，據理
力爭，要求韓協應該正視兩岸記者協會互不隸屬的事實，大會也
應依照大會手冊上列名的Participating Organizations順序介紹與會
代表，韓協則是言詞模糊，仍不願表示同意或是反對意見。

對於中國刻意打壓台灣NGO組織在國際專業組織空間的強悍
做法，雖然令人不滿，但對韓國主辦單位失格的作為，更令人感
到疑慮。

大會開幕晚宴上，韓國政經文化界人士與各國代表率皆出
席，韓國記協主席致詞時強調「我們都是一家人」（we are one
family），但事實上並非如此。

中國透過檯面下運作，故技重施，持續施壓要求主辦單位變
更台灣記協名稱，韓協仍然第一個介紹中國，第二個介紹「中華

台北」，台灣記協代表當場決定拒絕起立接受掌聲，現場氣氛頓時極為尷尬。

雖然在晚宴進行當中，韓協會長等人都前來致意，表達歉意，但我們仍對韓協持續此一不當作法，感到強烈遺憾與失望。

香港記協代表也因為「陪榜」關係，不時被韓協以「中國香港」名義稱呼，同樣感到十分不可思議。

正式聲明表明不滿

在我們的認知上，台灣記協是一個記者專業組織，「東亞記者論壇」也高舉為爭取新聞自由與專業主義的互動平台，沒有任何政治用意，更何況，此次討論議題為「新媒體產業趨勢」（The Trends of the New Media Industry）與「戰爭中的媒體與記者角色」（War and the Role of the Media and Journalists），並不涉及台灣主權與統獨立場，實在不了解中國代表為何在台灣記協名稱議題上的僵化堅持。

經過連日與主辦單位斡旋並提出抗議無效後，台灣記協決定發表正式聲明的稍早，韓國記協隨即於第二天會議上正式向各國代表說明，「為免因出席名稱上所造成的誤會，未來大會將依照各專業組織名稱進行稱謂。」

雖然如此，台灣記協代表仍對中國一再玩弄組織名稱，挑起不必要的矛盾，以致韓協必須為此道歉，才真令人感到遺憾。

第三場論文發表前，台灣記協仍依之前決定發表正式聲明，強調我們是代表「台灣新聞記者協會」與會，並非代表「中華台北」此一區域名稱，台灣記協長期為台灣新聞自由與民主發展奮鬥，台灣記協更是一個新聞專業組織，不容任何人變更名義。

台灣記協聲明中也指出，雖然在國際政治上，有人稱呼我們

為「中華台北」或是「中國台北」，但是我們的自我稱謂是「台灣」，「台灣」與「中國」是不同的兩個國家。

想當然爾，這樣的發言不只令主辦單位尷尬，也令中國代表難堪，但這樣的互動方式，並不是我們所願意見到的。

之後兩天議程，焦點放在亞洲記者協會（Asian Journalists Association）組織籌備會議上，韓協期待台灣記協能夠發表Remarks表達支持，但由於疑慮未消，以及對中國可能的主導角色的疑懼，雖然面對與會各國一面倒的支持，我們則是選擇謹慎發言，僅以這是一個有趣的概念（an interesting concept）發言回應。

稍後在馬來西亞記協提案下，建議由台、韓、日、中等國組成工作小組（Working Group），主責AJA條文草案（Draft Charter）的修改、研擬。

對此，我們除感謝各國推荐外，仍審慎表示，希望將全案帶回台灣討論後再做決定，此舉也獲得東協記協（Confederation of ASEAN Journalists）各國代表的諒解。

事實上，中國持續阻礙、杯葛台灣記者的國際採訪權早已有跡可循，台灣新聞記者為捍衛自身採訪權，除必須積極參與國際新聞專業組織，也必須因應中國打壓與矮化台灣NGO組織名稱策略，防範相關國際論壇對台灣記協組織名稱的扭曲，避免因此造成慣例或惡例，可能才是台灣新聞工作者必須有的自覺。

十七、火線英雄

日內瓦宣言，目的在確保記者安全，但卻事與願違……

〈Media Watch媒體觀察—採訪安全Iraq Conflict〉

（編按）在伊拉克採訪的媒體工作者，面對美伊衝突十七個月以來，統計顯示，已有五十二名媒體工作者喪身，其中十人遭美軍誤殺，二十四人被恐怖分子狙擊，這樣的生死一線間的採訪環境迄無改善跡象。

二○○四年美國大選第三場總統候選人電視辯論，在亞利桑那州立大學進行，美伊戰爭仍是雙方交鋒話題。

辯論過程中，凱瑞指責美國目前背負著伊拉克戰爭所帶來的沈重負擔，美國也不如以往安全，強調自己能夠率領美國打一場更聰明的反恐戰爭、結合盟國、重整情報系統。布希則是反駁凱瑞，指其對恐怖主義的了解過於天真。

事實上，在之前所舉行的副總統辯論的前一天清晨，伊拉克境內即接連發生三起慘烈汽車炸彈爆炸，導致二十六人死亡，上百人受傷，這也只是歷次自殺攻擊事件中的一起顯著案例，但已令人怵目驚心。

為營救迄今仍被扣押的兩名法國記者，法國執政黨議員朱利亞私下策劃營救行動，被媒體踢爆這是一場荒謬的鬧劇，遭到法國從總統府到反對黨的一致譴責。

美國對伊拉克首席武器檢查官的調查報告則指出，伊拉克並未擁有大規模毀滅性武器，使得布希發動伊拉克戰爭的正當性，再度受到挑戰。

美伊爭戰迄今的五百多個日子裡，持續上演的恐怖流血攻

擊，令世人望之嘆息，益使伊拉克情勢動盪不安。

▍記者成了狙擊對象

從美國大選辯論，到法國烏龍營救人質事件，都成為全球新聞報導的焦點，也再次突顯了記者採訪人身安全的嚴肅課題。

當各國記者冒險進行採訪，透過衛星傳輸訊號，向全世界報導美伊戰爭與平民傷亡新聞之際，卻也不幸的成為被交戰各方所狙殺的目標。

根據國際記者保護組織統計，美伊衝突十七個月以來，已有五十二名媒體工作者喪身，其中十人遭美軍誤殺，二十四人被恐怖分子狙擊，在子彈呼嘯和爆炸震耳聲中，恐懼成了記者採訪時揮之不去的陰影。

這也是台灣記者協會日前在與駐日內瓦聯合國特派員協會（ACANU）討論的主要議題，ACANU會長Nabi即表示，已籌備發起記者標章運動（Press Emblem Campaign），積極邀請台灣記協成為創始會員，以保障台灣記者未來國際採訪權益。

不少人在電視新聞中，經常可見殘屋破瓦、煙硝灰燼下，平民死傷枕藉畫面，負責國際救援工作的非政府組織人員死傷同樣不輕，持續遭到綁架、斬首、自殺炸彈等威脅。

美國國務卿鮑爾曾經警告，預計在明年一月舉行的伊拉克大選，事實上已遭遇困難，導因於伊拉克境內的動亂持續，鮑爾坦承，伊拉克遍地烽火的反抗行動已近危急邊緣，對記者採訪工作而言，鮑爾的談話更是一項嚴重警訊。

為保障記者在伊拉克採訪人身安全，國際記者組織於二〇〇三年四月首先發表拉巴特宣言，除了譴責交戰雙方干預採訪與殺害記者行為，並要求獨立國際組織介入調查記者遭到不當迫害、

起訴與騷擾等行為。

報導內容改採中性詞句

但這樣的宣示，並無法遏止不斷上升的記者傷亡數字，甚至有記者遭到斬首示警，伊拉克的惡劣情勢，對記者而言已形同鬼域。

人道與非政府組織於九月底集會，共同發表日內瓦宣言，除表達保護記者安全決心，譴責特定團體綁架與殺害記者的行為以外，並援引聯合國一五○二號決議，要求保障戰地人道工作者的生命安全。

部分西方媒體為確保戰地記者安全，也一改新聞當中使用「恐怖分子」、「恐怖主義」等主觀遣詞用字，並將報導中的「我軍進攻」、「叛軍」等字眼改為「美軍進攻」和「反抗軍」等中性字眼，以免危及採訪記者安全。

阿拉伯世界記者同樣備受生命威脅，雖然待遇微薄，月薪僅有一百到一百五十美元，仍賣力進行採訪工作，即使受到美方新聞管制，遭阻擋於新聞採訪現場，仍不因此退縮，這樣的精神不得不令人佩服。

不少人視這些隨時面臨生死一線的戰地記者為英雄，但也許正如不幸在伊北採訪喪身的英國第四頻道記者戈比拉德所言：「我不習慣被稱為英雄，因為我的工作就是說故事。」

但這樣謙卑的說故事方式，卻是澆注了記者的年輕生命與鮮血。

美伊戰爭，無疑已擴大美國社會的矛盾與對立，從美國大選辯論攻防當中，雙方陣營沒有人願意承諾何時可自伊拉克撤軍，可以預見的是，記者的傷亡數字仍將持續上升。

十八、美國之音的「茶壺風暴」

中文節目以政治新聞為主，廣播主體則以中國大陸為重點。

〈Media Watch媒體觀察—變革Voice of America〉

（編按）這個台灣閱聽人耳熟能詳的廣播媒體，因為組織變革與節目重整，反倒成為被採訪的對象，因為美國之音在四月初告知員工，要將原本位於華盛頓的大夜新聞（Overnight Writing Shift）移往香港，主要理由是可因此降低成本，卻有人表示並不相信這樣的說詞。

美國之音在二十一日播出陸委會主委吳釗燮訪談引發爭議，使得大家再一次注意到這個成立已有六十三年歷史的美國重量級媒體機構。

美國之音隸屬於美國政府所屬的國際廣播委員會，成立在於一九四二年，目前使用五十三種語言對全球廣播，每周播音一千三百小時。一九八九年蘇聯解體後的十五年裡，美國之音的發射功率擴增了二倍，目前美國本土計有五個發射站，國外有十四個轉播站。

美國之音目前的中文節目以政治新聞為主，所投入的人物力資源也最多，聘僱人員近百人，每天播音十四小時，廣播主體則以中國大陸為重點。

事實上，正當美中情勢晦澀不明，外弛內張之際，四月中旬即傳出，固守美國華府總部的美國之音，將把位於華府的近三分之一新聞業務，布望七月移往香港進行委外作業，此一主張不但引起北京當局疑慮，更受到美國政界與媒體界的質疑。

工作變動引起反彈

為此，美國十四位參議員，最近即在民主黨籍議員沙巴尼斯領銜下，聯名要求美國之音打消委外做法（cease any plans to outsource these jobs）。

美國之音在東西方冷戰時期扮演著重要角色，著眼於「國際廣播是足以顛覆社會主義制度的唯一手段」的強大威力，藉由將西方的聲音傳入鐵幕，宣揚西方觀點的新聞與娛樂節目，和平演變蘇聯與東歐的共產主義，建立普世民主價值。

當美國之音於四月初告知員工，將原本位於華盛頓的大夜新聞（Overnight Writing Shift）移往香港，主要理由是可因此降低成本，增加特約人員聘僱，擴大傳統採訪業務與網路新聞內容，並可為此每年節省三十萬美元開支時，部分人員則是充滿疑惑。

面臨可能職務調整與調降薪資的美國之音員工，也指事實並非如此，因為成本減少有限，反而必須為此支付百分之十的差額津貼。

員工更質疑主事者大衛強森，二○○三年八月二十八日就職時，強調將形塑、強化美國之音的全球聲望，如今卻要將新聞核心移往香港，做法令人難以接受。

根據中國官方統計，目前常駐中國的外國新聞機構，計有四十五國，二百七十家，四百八十名記者，狀似一片蓬勃。但是美國之音員工也質疑，中國是一個既沒有言論自由，又是嚴厲箝制新聞自由的國家，這樣的移轉政策的背後，究竟目的何在。

擴充分社引來質疑

但是，擁有二十三年新聞資歷的美國之音負責人大衛強森，則是輕描淡寫的逕指外界批評只是「茶壺裡的風暴」，但是也有

人形容這次的事件將會是「海嘯衝擊」。

　　流亡美國的中共新華社前香港分社社長許家屯，曾形容香港是情報「富礦」。對此，有人即懷疑，當中國於四月逮捕新加坡《海峽時報》記者程翔，引發美國國務院所指稱的「新聞自由寒蟬效應」之際，美國政府隨即擴充美國之音香港分社的做法，究竟是為了節省每年三十萬美元的預算開支，還是為了有利於情報蒐集，實在很難不啟人疑竇。

　　戒嚴時期的台灣，有不少人都是利用短波收聽美國之音長大的，正像今天的中國大陸情形是一樣的，由此可見美國之音影響力之強大。

　　美國之音前進香港的原因究竟是什麼，七月以後，想必將有不少人，會拿著放大鏡進行觀察與檢驗。因此，究竟是「茶壺風暴」或是「海嘯衝擊」，答案到時就可揭曉。

十九、深喉嚨獨家新聞的迷思

具名與否的新聞來源使用，常成了編輯枱上難以抉擇的
困境。

〈Media Watch媒體觀察─匿名消息Deep Throat〉

（編按）華盛頓郵報的新聞準則，當面對極具挑戰性的新聞
報導，設計有更高的新聞判準，涉及政治人物隱私的新聞報導
原則，首先必須考慮新聞內容是否有證據證實。

獨家新聞成了提升收視率與增加發行，部分消息來源卻是無
法求證的匿名訊息，濫用獨家的結果，卻傷害了新聞的公信力與
閱聽人的信賴。

美聯社與美聯社執行編輯協會，最近聯手對美國報紙進行
調查，了解各報在匿名消息來源使用上的狀況。這項調查計劃
獲得四百一十九家報紙的回覆，在全美一千四百五十家日報中
佔28%，據信為近年來此類調查中規模最全面性的一次。調查顯
示，一百零三家報紙不允許記者在新聞中引述匿名消息來源。

報紙則大多明文規定，限制匿名消息來源的使用。部分報
社訂有嚴格規範，像水門案中的「深喉嚨」根本不能成為消息來
源。

匿名消息來源係指要求只有在不透露真實身份的情況下才肯
提供資訊給記者的人士，近來在新聞中使用這類消息來源的情況
相當多，其中包括最近引發《新聞週刊》撤回報導的案例。水門
案中《華盛頓郵報》的傳奇深喉嚨消息人士上週終於曝光，是一
位聯邦調查局官員，匿名消息來源的議題因此再度引起討論。

▌媒體成了阿扁的啦啦隊

陳水扁總統二十七日啟程，出訪太平洋友邦帛琉和所羅門群島二國，阿扁人在千里之遙，但是新聞仍緊隨著他升高與降溫，阿扁位處權力中心，更是主要新聞來源。

上個月開始，台灣各媒體即透過個別獨家管道，搶先報導可能的內閣異動人選，社會上也是沸沸揚揚的跟著鋪排內閣人事，新聞來源一夕數變，令人眼花撩亂，總統府公共事務室，為此還特別以手機簡訊通知記者，澄清阿扁對內閣人事還在思考，仍未定案，希望外界勿再任意揣測。

執政以來，面對外有在野杯葛，內有派系林立，阿扁善於簡化問題、突出主題、描繪願景，深諳理念行銷，往往能夠扭轉劣勢、敗中求勝，很多時候，媒體常成為配合演出的啦啦隊角色，這樣的情形參考美國經驗也不遑多讓。

美國學者凱德和富第，研究一九七七年到一九七九年的美國三大電視網政治新聞時發現，在已播出的新聞當中，總統新聞佔了五成二，參議院新聞佔了二成一，眾議院佔了一成八，總體態勢到二○○四年仍沒有太大的比例改變。

眾所皆知，阿扁擅長議題設定與魅力經營，隨時都在傳達自信、擬定方向，利用媒體技巧累積個人影響力，形成總統宰制全局的態勢，在台北政治圈內的權力遊戲當中，阿扁控制、主導新聞，而非受制於新聞，總統身分與其他的各個分身，常成了政治新聞的重要訊息來源，但是隱藏特定目的的談話，也常令人真假難辨。

記者與新聞來源的緊密互動，常存在著共生利益又彼此緊張的矛盾情結，以柯林頓政府時代的國務院發言人魯賓為例，當魯賓宣布將離開美國「休長假」時，跑線記者合送魯賓一個「溜溜

球」做為他告別政壇禮物，隱喻魯賓編撰呼弄媒體的能力。

新聞判準左右媒體公信力

　　魯賓的記者妻子也自我解嘲，表示很擔心剛滿月的兒子，可能都會懷疑老爸的誠信，魯賓則以一貫的「採取所有必要手段爭取支持」做為回應。

　　比較台美兩地的政治動員，都有一個共同特色，在造勢場合，都會有預先設計腳本，甚至連鼓掌歡呼、現場爆點都經過精心規劃掌握，熱情洋溢、絕無冷場，透過電視轉播的放大效果，成功感染千百里外支持者、游離者勝利的想像空間，新聞記者也很難不受到影響，情緒常跟隨所貼身採訪候選人的當選或落敗而歡喜或憂傷，毫無疑問的，單一新聞來源也很容易左右媒體版面表現。

　　《華盛頓郵報》前發行人葛蘭姆即指出，《華盛頓郵報》面對極具挑戰性的新聞報導，設計有更高的新聞判準，涉及政治人物隱私的新聞報導原則，首先必須考慮新聞內容是否有證據證實，因為絕大多數的新聞線索都無法獲得證實，其次是獲得證實的新聞是否關係到政治人物的職務表現。

　　其次，媒體也必須重新思索新聞的本質，不應該是太多的形容詞描述以致誤導視聽，政治新聞應著重施政品質與內涵討論，而不是過多政治口水。

　　根據統計，《紐約時報》在此次美國總統大選編採安排，為求嚴謹，平均每則新聞採訪的新聞對象為七人，其中署名者為四成八、匿名者為五成二。新聞報導來源一成來自總統、二成來自白宮官員、三成來自其他政府官員、一成來自執政黨、一成來自其他政黨、其他新聞來源則占了三成。

媒體與政治（上）

　　在台灣，政治新聞常成了劇情片發展，敵對雙方紛紛透過特定媒體釋放空氣，以測試社會反應，使得主角成敗遠大於事件本質的論辯，新聞來源也受限於特定對象，如未警覺，緊守分寸，媒體信譽也將在權力遊戲當中逐漸消磨。

第貳章

電視生態

媒體與政治（上）

一、傳播新科技與媒體挑戰

從香港經驗看台灣電視生態，不少地方值得我們進一步
反思。

〈Media Watch媒體觀察—媒體新科技New Technology〉

（編按）隨著科技發達，網路宰制媒體發展的時代來臨了，
網路改變部分人的媒體使用習慣，閱聽人與媒體權力關係亦將
重新型塑。消費意識抬頭下，媒體與選擇多元化，消費者將不
必再忍受所有概括承受的不合理待遇。

你還在看報紙嗎？落伍了。
你還在看電視嗎？也落伍了。

面對新世紀媒體，網路逐步宰制媒體發展，新科技扮演吃重
的整合角色，從網路電子報、網路電視到網路手機，將會改變部
分人的媒體使用習慣，因為未來的所有傳播行為都將在網路上串
聯完成，閱聽人與媒體權力關係將重新扭轉與型塑。

▍媒體環境變異，消費意識抬頭

面對媒體環境變異，Googlezon網站去年以「Googlezon And
The Newsmasters EPIC」做為討論題材，描述二〇一四年的媒體
世界。二〇一四年，《紐約時報》消失，閱聽環境滅絕重生，
閱聽人透過傳播新科技所能接觸到的資訊，多元面貌超溢出個
人想像，「演進中的個人化資訊建構」（Evolving Personalized
Information Construct, EPIC）將引領個人資訊取得。

面對新科技發展，我們先來檢視今天的台灣媒體現況。

以電視收視為例。一直以來，台灣消費者付出了不算低廉的

收視費，但是自主權受限，不管是頻譜調整或是費率檢討，消費者即使有再多的不滿，似乎永遠都是弱勢的一方，默默承受，無緣置喙，但是從香港經驗對比台灣電視生態，消費者做主人的時間點似已來臨，這樣的可能性都是拜傳播新科技所賜。

香港傳統電信業者今天即面臨著前有網路電話侵逼，後有有線電視業者提供電視與電話套餐服務的壓力，傳統話費業務已經走到歷史盡頭，電視市場成了未來獲利的最佳模式，香港電訊盈科為此重新啟動「全球聯網」數位電視。

藉由科技突破，透過傳統電信網路傳輸電視訊號，電訊盈科去年一舉拿下了香港百分之三十五的付費電視市場，收視戶突破四十二萬戶，這是香港有線電視「I Cable」花了五年才達成的成長數字。

香港「I Cable」主管在接受《時代周刊》訪問時表示，二年前，他根本無法預測，「I Cable的主要競爭對手竟然是一家電話公司。」

▎網路電話興起，造就數位電視

《新聞周刊》也指出，美國電信業者同樣面臨新興網路電話威脅，以Skype為例，業者提供超低費率撥打市內電話、國際長途及行動通訊，消費者只要具備一台電腦及簡單軟體，就可以自組成為「個人電信公司」，這樣的發展趨勢，已令傳統業者毫無招架之力，必須另謀出路。

面對數位電視大餅，美國電信業者樂觀預期，二〇〇八年，網路電視收視戶將可達到二千六百萬戶，微軟數位機制更提供觀眾收視體育競賽時，可以從不同拍攝視角選擇所需畫面，充分滿足電視觀眾自主與互動的要求。

美國部分傳統電信業者也籌資投入四十億美元進行線路更新，另以四億美元合作洽購微軟數位機制，預計三年內達成一千八百萬收視戶的目標。

面對新傳播科技挑戰，無役不與的比爾蓋茲強調，「微軟並非不朽企業，因為每家公司都不免衰敗，只是時間早晚，我的目標是維持企業活力。」

事實上，傳統電信業者的信心，主要是建立在有線電視機上盒雖然提供了五百個以上的頻道，但多數是消費者不想要的內容，因此，如能藉由新科技的重新洗牌，發展出一個讓消費者擁有更高自主性的網路電視系統，重新分配市場大餅已不是遙不可及的事。

美國傳統電信業者指出，十年前如果打算進入電視市場，同樣的建置規模可能必須花費四百億美元，但拜新科技之賜，如今只要四十億美元即可完成，部分業者更提供包括節目側錄等加值服務，每月收費只要新台幣三百九十元，面對此一發展趨勢，已令有線電視業者冷汗直流。

數位電視手機，侵蝕傳統收視

另以網路手機發展為例，日本「NTT DoKoMo」三年前即開發出了第三代的「多媒體隨意存取手機」（FOMA, Freedom of Mobile multimedia Access），希望逐步擴張影音收視手機人口，日本現有一四七〇萬名3G用戶，但FOMA僅占有五百萬用戶。

日本另一家手機業者KDDI，則全力搶占3G手機市場，所推出的CDMA手機，下載速度可以達到144kbps，佔有日本3G手機七成市場，為了防堵NTT DoKoMo的追趕，KDDI並在今年二月十日，推出手機版遊戲網站「EZ Game Street」，共有四十三家

遊戲廠商所開發的三百種以上的遊戲可提供選擇。

日本消費手機應用非常普遍，除可以方便收發電子郵件、個人上網，未來也可以利用相機鏡頭掃描商品條碼，方便日常購物的電子錢包，日本電信業者更推出了數位電視手機，新手機也將結合GPS衛星定位系統，具有緊急告知功能，使用者可以選擇透過數位電視的內容訊息，獲得電影院、餐廳或不同娛樂地點路線指示。

廣達電腦董事長林百里，在二〇〇五年思科網路嘉年華論壇上，提醒企業主注意傳播新科技發展，「因為面對網路世界的變化，不變的企業將被淘汰，快速改變的將成為贏家」。面對網際網路與數位資訊無線化發展，以及資料存取全面數位化趨勢，目前大家耳熟能詳的桌上型電腦或是筆記型電腦，未來將被虛擬個人電腦所取代。

林百里對個人手機發展更寄予深切期待，「因為未來的世紀，只要一張隨身卡，就可以利用手機收聽數位音樂，所以隨身聽將會消失，利用手機收看數位電視，也將指日可待。」

電訊盈科模式，消費主客異位

香港電訊盈科是亞洲第一個成功切入付費網路電視的成功個案，根據統計，亞洲整體電信網路電視市場，預計二〇〇五年將成長百分之十四，達到一百五十五億美元的規模。

電訊盈科的成功模式，讓消費者獲得較高的自主性與低廉收視費，經由數位機上盒隨選機制，消費者可以自行選擇搭配頻道內容，依頻道數加以計費，例如所選頻道是BBC、HBO及迪士尼，每月費用只要新台幣六十六元，消費者將不必再忍受所有頻道都必須概括承受的不合理待遇。

　　「高盛證券報告」即指出，不少的電信業者已密切注意香港電訊盈科的經營模式，如果此一新媒體運作成功，其他電信業者預期也將順利完成轉型工作。

　　多元價值的新媒體世代，最大特徵就是分眾媒體當道，這從電視超過上百個頻道即可看出。

　　Googlezon的二〇一四年媒體大預言，除預示了未來媒體多元樣態與多元選擇，可以確定的是，閱聽人將可擁有更高的媒體自主性與選擇性。

二、主播、收視率與新聞專業

面對收視率的持續滑落，年逾花甲主播執著與拚勁，力挽狂瀾。

〈Media Watch媒體觀察—美國電視Anchor〉

（編按）正如台灣老三台所面臨的相同困境，美國無線電視台一九九六年以來，受到二十四小時有線新聞頻道瓜分市場，收視率持續滑落，節目內容無所不用其極，同樣是引來閱聽人抨擊聲不斷。

美國哥倫比亞廣播公司主播丹拉瑟，因為新聞節目六十分鐘報導布希當年服國民兵役爭議，引用了真實性薄弱文件，被迫發表道歉聲明，不管事件關鍵是出在政治意識形態偏見、節目製作人疏於查證，或是搶獨家衝收視率所致，都已對新聞自律甚嚴的丹拉瑟專業造成一定傷害。

這件事在美國引起軒然大波，同樣也值得台灣新聞界警惕。

美國無線電視台一九九六年以來，受到二十四小時有線新聞頻道瓜分市場，各個無線台為了爭取收視率，嚴肅的評論性節目，如今也改採脫口秀及辯論方式呈現，新聞娛樂化情形普遍，此一現象也受到不少垢病。

這樣的情況同樣也反映在台灣的無線台與有線台競爭上，尤其是目前中視經營權爭議與廣電公集團規劃受到矚目之際，更值得一探美國電視生態發展，以為借鏡。

根據尼爾森調查，美國電視收視，以二○○三年六月收視為例，CBS晚間新聞收視人口為六百五十萬人，超過CNN、FOX、MSNBC總合。二○○三年十一月無線台晚間新聞收視人口為

2930萬人，同時段有線台為240萬人。

有線台收視超越無線台

　　但從收視時間觀察，觀眾收看有線台時間為三小時六分鐘，無線台為二小時十九分鐘，顯示無線與有線台影響力消長。Pew調查民眾新聞資訊來源顯示，49%的人收視資訊來源為有線台，13%為無線台，Pew十年來相同民調顯示，二○○一年有線台影響力遞增，九一一恐怖攻擊與美伊戰爭為重要關鍵。

　　一九九三年到二○○二年調查也顯示，觀眾從無線台獲取新聞資訊比率，已從58%下降到32%。

　　對比台灣，美國電視生態同樣面臨大幅變異，三大電視網資深新聞主播即將陸續交棒，有線台將更加快侵吞市場腳步。

　　三大電視網，首先宣布退場的是NBC資深主播湯姆布洛考，十一月美國總統大選結束就要告別螢光幕，七十二歲的丹拉瑟面對此次重大失誤勢將面臨抉擇，甚至有可能較湯姆布洛考提早步下舞台。

　　美國無線台經驗分析，資深主播雖然無法阻止有線電視逐步侵吞市場的趨勢，卻是力擋收視大幅下滑的最後防線。資深主播的專業性與信任度，或許從進入CBS工作已逾四十年的丹拉瑟所出版的「現場‧開麥拉」等七本書，即可見這群年逾花甲主播的執著與拚勁。

　　據統計，美國三大電視網晚間新聞在一九八○年十一月CNN成立時，仍有75%市占率，到二○○三年下滑為40%，即導因於有線電視瓜分收視市場所致。

　　觀察美國無線電視新聞發展，每位資深主播都彰顯出特有的氣質與時代精神，一九六○及一九七○年由CBS華特克朗凱獨領

風騷，一九八〇年CBS丹拉瑟接棒，一九八〇年後期到一九九〇年ABC的彼得詹尼斯獨占鰲頭，一九九〇年後期至今由NBC湯姆布洛考穩坐收視第一。

無線電視挑戰才剛開始

電視指南調查，全美有線與無線台統計，湯姆布洛考以22%支持率最受觀眾青睞，彼得詹尼斯為17%、丹拉瑟16%、福斯新聞謝普史密斯16%、CNN雅倫布朗為11%。

但是，三大電視網收視人口仍在這三位知名主播任上緩步下滑，根據尼爾森調查，CBS從一九九三年的一千三百一十萬人滑落到二〇〇三年的八百三十萬人，ABC從一九九三年的一千四百三十萬人滑落到二〇〇三年的一千零一十萬人，NBC則從一九九三年的一千三百三十萬人滑落到二〇〇三年的一千零九十萬人。

透過Pew Research二〇〇一年觀眾信任度調查數據，可以清楚看出，無線台信任度為56%，有線台為67%，這樣的數字仍持續拉踞當中，無線網如何覓妥接班主播，維持信任、穩住收視，才是挑戰的開始。

事實上，湯姆布洛考的專業信任度是建立在收視領先的基礎上，以美伊戰爭為例，傳統上，美國人收視習慣仍以三大電視網為主。尼爾森收視調查指出，戰爭首日晚間九點半到十一點，全美共有四千二百二十萬人收視，福斯電視（包括有線與無線新聞）收視人口為一千五百六十萬人，仍落後NBC（包括有線與無線新聞）的二千二百二十萬人。

美國三大電視網經持續購併，進行人員組織精簡、增加新聞產能、緊縮製播成本、創造廣告綜效，上述變革做法，台灣各家

電視台迄未預見可觀成績，關鍵都在投資不足。

　　三大電視網受限觀眾年齡層老化，廣告多以藥品為主，以全美平均收視年齡層三十五歲為基準，二〇〇三年三大電視網平均年齡層為六十歲，與二〇〇二年的平均五十歲比較，明顯又老化許多。根據TNS媒體情報調查，三大電視網從一九九〇年到二〇〇二年的廣告收益下跌了6%。

　　丹拉瑟此次的危機，所突顯的已不只是個人新聞資歷上的瑕疵，美國三大電視網也必須嚴肅正視，當競逐商業收視與業績，卻未能做好嚴謹查證作業，犧牲的可能是更大的收視利益與新聞專業。

三、台灣的CNN在那裡

媒體全球布局，涉及專業與預算分配。

〈Media Watch媒體觀察─台灣觀點International Broadcasting〉

（編按）美國在國際宣傳戰上一直深信「宣傳上花一美元等同國防上五美元的價值」。因此，這樣的投資對應國際傳播上的壟斷勸服，對華府而言無疑是值得的。但對處於中國夾擊，國際壓力下的台灣，我們的國際傳播策略是什麼？迄今似仍看不到一個明確的方向。

美國CNN早已成為全球電視新聞與娛樂節目的生產者與行銷者，CNN在新聞戰上花費最昂貴的地方，就是它特有的全球衛星現場播送。

CNN的新聞都是依靠衛星傳送，新聞報導強調「傳播正在發生的事」，提供全球約十億觀眾收視。

CNN News Group還包括有十五個有線及衛星網路，其中三個是地區性的專用網路，二個電台網路，以及十四個網站，含括首個以新聞及資訊為主的網站CNN.com，還有手機新聞資訊的CNN Mobile。

這樣的影響力也吸引了全球強權的目光，畢竟在國際宣傳戰上，美國就不只一次的標榜「一個自由廣播電台的影響力，相當於二十個師的戰力」。

以「美國的價值觀與自由民主模式改造中東」的美國「中東電視網」，隨即在此一信念下於二○○四年二月中旬正式開播，年預算六千二百萬美元，取名「The Free One」，總部設在美國華府。

The Free One標舉中東CNN的此一電視網覆蓋率逾二十餘國，每天以阿拉伯語播出十四小時，目的就在對抗一九九六年十一月開播，被譽為阿拉伯CNN的半島電視台，爭取佔中東總人口三成的五千萬收視觀眾。

法國CNN vs. 美國CNN

為了對抗美國CNN與英國BBC全球新聞壟斷，法國政府編列一年七千萬歐元預算，結合以十九種語言向全球發聲的法國國際廣播電台、法國電視一台、二台及在全球一百六十五國家佈建有九百個採訪點的法新社等四大媒體資源，預計二〇〇四年年中成立法國國際新聞頻道（CII）。

此一自栩為法國CNN的電視頻道，重點就在打破單極媒體觀點，美伊戰爭則加快了法國政府建台決心，首要收視目標之一即鎖定阿拉伯世界。

法國國際新聞頻道將在法國政府補助部分經費下，藉由衛星電視、無線廣播、有線電視及網際網路向全球傳播，初期五年營運資金，每年編列七千萬歐元預算。

這樣的預算明顯不及根據一九四九年的無線電及電報法案支助下的BBC，每年可從電視用戶收取二十億英鎊執照費來的充裕，海外記者配置也不可能像BBC能夠在一百個採訪點，以四十八種語言聘雇一萬二千人的規模。因此，如何有效整合既有資源就成為法國國際新聞頻道成敗關鍵。

法國媒體發展署所規劃的國際新聞頻道使命定位，在於確保法國在全球化的新聞戰中的能見度，加強法國在國際傳播上的影響力，提供閱聽人不同觀點的選擇，以及傳播法國文化優勢與多面向世界觀。

　　國際新聞頻道的語言使用上，則以全球二億法語觀眾為主，另規劃有英語、阿拉伯語與西班牙語內容；播送地區則將逐次涵蓋西亞、北非等阿拉伯世界，未來將擴及非洲、歐洲、北美、中南美、中國、日本等地。

法國一台主導建台

　　這樣的新媒體角色也引起了法國各個媒體競逐，紛紛表達主導的意願，最後則由法國一台以豐富製播經驗出線。

　　法國一台於一九四五年十月一日自艾菲爾鐵塔正式發射訊號，是法國第一家民營電視台。法國一台在二〇〇一年以一點六八億歐元，換算當時幣值一點四八億美元買下二〇〇二韓日世界盃的法國轉播權，即可證明法國一台在商業電視第一品牌領先地位與實力。

　　另外一家強力爭取主導權的法國二台則是在一九六三年開播，營運資金當中，廣告與收視費各占一半，收視費占營運資金總額的五成，在法國是著有聲譽的電視台。

　　法國一台與二台平均收視率表現在伯仲之間，法國一台以三成左右市占率領先法國二台二成強的市占率，但在觀眾喜好度排名上，法國二台則以六成左右的滿意度超過法國一台的五成的滿意度表現。

　　也因此，在結合法國收視率前二名電視台，以及擁有全球採訪網絡的法新社等媒介資源下，建立一個法國主導論述的二十四小時國際新聞台即將成立，目的就在於建立屬於法國自己的傳播支配與依附模式，改變全球新聞流動不平衡現實。

中東CNN vs. 阿拉伯CNN

被譽為阿拉伯CNN的半島電視台，在中東和中亞地區擁有三千五百萬收視觀眾，強調要以中東觀點打破西方世界的媒體壟斷。

為了有效反制，美國在美伊戰火爆發同時即建立起臨時電視頻道，利用改裝後的C-130運輸機，每天以阿拉作語播出5小時的節目。

美國在國際宣傳戰上一直深信「宣傳上花一美元等同國防上五美元的價值」。因此，這樣的投資對應國際傳播上的壟斷勸服，對華府而言無疑是值得的。

長期針對國際傳播問題進行研究的Masmoudi（1979）與Sean MacBride（1980）即指出，傳統概念下的全球新聞生產線，八成由西方五大通訊社所包辦，以影像新聞為例，西方通訊社壟斷優勢在於量多、價廉與及時（見表一）。

《表一》三家無線台國際新聞來源一覽

台視	AP、SNTV、Reuter、CNN、NHK、中央社
中視	AP、Reuter、CNN、NHK、CBS
華視	Reuter、CNN、NHK、中央社、ABC、TBS

事實上，以台灣各家電視台單一派駐海外採訪點，平均一年新聞採訪費用與薪資粗估為四百萬元新台幣，駐外記者津貼粗估為二百萬元，總計在六百萬元，也因此採用西方通訊社新聞來源成為電視台營運策略之一，這從目前部分無線電視台新聞來源即可看出此一現象。

西方通訊社的國際新聞都採取周一到周五定時供稿方式，服

務國內各家電視台,而這樣的全球定時、常態供稿,也不是國內任何一家媒體可以辦到的,以路透社全球新聞服務(World News Service)供稿時間為例(見表二),即可看出西方媒體實力。

《表二》 國際新聞供稿時段一覽

Feed Name	British Summer Time GMT	British Winter Time GMT
LIFE！1	Mon-Fri 02.00-02.30	03.00-03.30
LIFE！2	Mon-Fri 08.30-09.00	09.30-10.00
LIFE！3	Mon-Fri 14.00-14.30	15.00-15.30

西方媒體以半小時供稿國內電視台所投入的全球布建成本相當可觀,對比台灣媒體在中國大陸單一採訪點,不定時二到三分鐘新聞採訪所投入的資源,即可瞭解其中的差異。

台灣無線電視台平均編譯人員在十名左右,資本投入有限,主要成本花費在於海外採訪與衛星傳輸,因此各家電視台已大幅削減海外採訪花費。

以陳水扁總統出訪為例,由於出訪時間短、地點多,各家電視台成本支出相對較大,派員隨行採訪預算約在六十萬元左右,其他重要國外新聞預算也要二十萬到三十萬元左右(見表三)。

《表三》 中國大陸單一採訪布點預算一覽 (單位:新台幣)

辦公室租金	以酒店公寓為例,每月約為90,000元
衛星傳送費	每10分鐘1150美元,預估每月為150,000元
採訪車租金	包括駕駛,每月約為30,000元
採訪車用油	預估每月10,000元
電話費	預估每月32,000元

記者津貼	預估每月60,000元
往返機票費用	預估每月40,000元

為節省成本支出，創造最大效益，各家電視台分別採取下列方式：

1. 一般駐點海外新聞採取兩台共訂衛星、均攤費用方式。
2. 重要海外新聞採取聯合採訪、共訂衛星、均攤費用方式。
3. 非駐點海外新聞採取聯合採訪、共訂衛星、均攤費用方式。

國際傳播的媒介邏輯與國際政治、外交密不可分，Habermas也強調在國際政治中，利用資訊與資本等軟權力排擠對抗軍隊與武器等硬權力的重要性。面對西方媒介標準化產製內容衝擊，McManus（1994）即指出，新聞組織的經費預算和員工越是匱乏，就有越高比例的新聞是採被動發覺（passive discovered），而非主動取得，因此，充裕資源配置就成為國際傳播成敗的關鍵。

公集團五合一匯聚力量

面對台灣未來電視公集團發展，設若思考有效整合包括公視、客家電視、原住民電視、宏觀視視與台視或華視二擇一後之媒體力量與可觀資源。

除了可觀照國內不同族群收視需求，更可強化對外傳播，如能針對資源最適分配原則，採取單一地點傳播，或是兩階段對外廣播，或可產生有限資源投入下的加乘效果（見表四）。

從中東CNN與法國CNN相繼成立，台灣的CNN又在那裡

呢？審度現實國際處境，又該如何打破西方媒體壟斷，找出台灣的國際宣傳優勢，各家媒體似都應跳脫出陷溺在百分之零點幾的收視率爭奪，台灣也有必要重新思考主體的國際傳播政策。

《表四》 電視台預算比較一覽

國別	電視網	預算	覆蓋率
法國	CII	7000萬歐元 台幣約29億元	第一階段：阿拉伯世界
			第二階段：非洲、歐洲、北美、中南美、中國、日本
美國	Free One	6200萬美元 台幣約20億元	中東地區
台灣	公集團五合一	公視9億	單一地點：東北亞、美洲
		客家頻道4億	
		原住民頻道3億	兩階段策略
		宏觀頻道2億	第一階段：亞洲、美國
		無線台自籌9億	第二階段：美洲、歐非
		合計台幣27億元	

正在規劃撰寫此書的尾聲，看到立法院正上演著全武行，朝野立委在二○○五年九月二十七日的院會上為處理國家通訊傳播委員會（NCC）組織法草案，民進黨與台聯立委聯手發動議事抗爭，三波人馬霸佔主席台、發言台與議場中央。藍、綠立委互控打人，爆發肢體拉扯。

此外，公視與華視也為了未來公集團主導權，頻於媒體放話，更顯而易見台灣公共媒體集團與管理機制的整合困境。

四、健全灌票機制？

二〇〇四年總統大選電視開票作業，引起軒然大波。

〈Media Watch媒體觀察—大選烏龍Professionalism mechanism〉

（編按）爭奪收視率的結果，各家電視台的總統大選開票作業宛如兒戲，競相灌票的結果，不但造成社會災難與人民對立，更使得新聞工作者沾上專業自蔑的污點。

「健全灌票機制」這樣的標題，實在令人感到既無奈又諷刺，但既成事實，似又改革無期，倒不如研究「合理灌票」，省得部分媒體人一切憑感覺，做出毫無科學根據的灌票內容，惹來閱聽眾吐槽聲。

雖有些自我奚落，但此篇文章主要目地仍在嚴肅探討灌票歷史、成因，探討電視灌票流程。

二〇〇四總統大選，根據Ac Nielsen調查，「320」當天共有超過一千二百零四萬閱聽眾收看電視轉播，平均每人收看時間為一小時五十六分鐘。

下午四點開票，無線四台及有線新聞台總收視率從七點四七攀升至十一點九七，隨著選情膠著收視率再創高峰，七點至七點十五分上升為二十六點九三，收視人數衝高到六百九十三萬人，八點十五分選情戲劇性變化，收視率衝上二十四點二八，從此即可看出電視轉播仍是閱聽眾獲取大選資訊首選。

事實上，任何大型選舉，電視台無不是經過半年以上時間布局規劃，從人力部署、鏡面處理、節目進行、計票流程等步驟都是一再預演，以期在投開票日這一天能夠搶佔收視，贏得掌聲，在有限資源下呈現最佳轉播效果，最終目的即在創造營收。

但這次總統大選的努力卻事與願違，不但造成社會災難，更成為專業自蔑的污點，何以致之，可能就是新聞從業人員必須檢討的地方。

報票累加做法引來質疑聲

傳統選舉開票資訊首以廣布基層的警察系統最為快準，但卻難以公開取得，其次是國民黨各地民眾服務社，藉由黨工深入每一投開票所進行聽票，最後是各地選務機關匯集票數進入中選會數據專線，這樣的內容也最安全與標準。

中選會開票資訊難獲電視青睞，主要受制於投開票標準流程，以致作業緩慢，程序上，首先必須經過各地投開票所查核，再將檔案上傳縣市選委會確認，最後送達中選會。層層關卡原因就在防錯，以致到今天仍然快不起來。

電視台由於過去開票經驗不足，以及電腦系統不及今日進步，少了查核手續，失誤難免，甚至發生報票自動累加情形，無法精確預知票數是否已經超過，只能步步為營慎防出錯。

選舉灌票可回溯到一九九三年有線電視投入競爭做為開端，自從一九九三年有線電視合法化後，閱聽眾可收看的電視頻道數量急遽增加，至二○○二年止，台灣有線電視普及率已經達到82.2%。

有線台為了打破老三台收視率壟斷局面，開始採取拚速度與求快新聞策略爭取閱聽眾，全力投入各個選舉新聞採訪與轉播作業，開票作業在技術上並沒有太大的邏輯，只要比老三台快就行，因此剛開始作業力求快而穩，電腦程式也設定有安全區。

電視開票作業，部分電視台採取前進縣市選委會計票中心，或是透過國民黨各地民眾服務社方式，架設固接熱線電話同步報

票，棚內也對應計票，採取每五分鐘修正票數方式，但由於惡性競爭結果，彼此競相加碼灌票一發不可收拾。

猶記得二○○一年立委與縣市長選舉轉播作業，當時筆者仍服務於電視新聞部門，各台新聞主管曾數度開會討論成立「聯合計票中心」。

但這樣的提案經不斷折衷仍告破局，主要原因在於各台專注拚收視，競相較勁，彼此缺乏互信基礎，即使有人提出不能灌票、一切回歸中選會數據的所謂「開票公約」仍無法獲得認同。但經過這次灌票事件所引起的社會關注，或許能有機會促成電視台重新思考回歸新聞常態。

不能只是憑感覺灌票

依過去觀察瞭解，商業台在進行灌票作業時，各有不同現實環境與技術考量，首先，電腦程式在設計時即必須預先嚴密分析不同競選陣營得票比。

從電話調查資料得出關連比例，假設彼此差距是四六比，當有一百票進入程式系統時，就應該產生四十票對六十票合理票數，不能只是盲目，毫無邏輯，一切憑感覺累加總數，而無法合理說明各縣市得票分布。

所以，假設已知各地投票公民數總和是一千二百萬人，並瞭解不同競選陣營選情呈現五五波態勢，電視開票結果最多就只會合理的在六百萬票上下震盪，而不應該發生有某陣營大幅領先三至五十萬票或是衝過七百萬票的灌爆情形。

部分電視台設計技術性合理程式，進行平行比對，比對內容包括選前民調、公民數總和、投票率預估，即可得出可信度較高、符合安全值的開票內容。

電腦程式一般也可設定為手動操作或是自動加成，依照參考值比例累加，例如初始開票呈現連宋四十五萬票，扁呂四十五萬票拉鋸時，即可依不同參考指標比例累加，進而得出合理數值。

因此，如果雙方呈現一萬票膠著選情時，電腦程式設定也應該是將這一萬張票平均灑在各地選區，並反應在不同競選陣營才對，這樣才能合理推算到總得票數，這也才是合理的灌票流程，也才能反應到中選會最後所公布的選舉結果。

台灣稍具規模的電視台新聞人力多在三百人到五百人之間（包含採、編、播、導與工程人員），重要全國性選舉，部分電視台部署一千名工讀生即可大肆宣傳，自我行銷，藉機拉抬氣勢，但受制成本，能夠這樣做的電視台屈指可數。

因此，面對全國性選舉，動輒上萬個投開票所，中選會動用龐大資源配置擁有一定選務經驗的教師系統，與專業資訊人員進行投開票作業。

兩相比較，電視台如何能夠以有限資源，及選務專業人物力也有限情況下，超前選務機關一到二小時完成計票作業，就讓不少閱聽眾好奇這樣的「不可能任務」是如何辦到的？難道電視台為了選舉開票布局，願意不惜血本投入上億資金？當然，從上述簡單的說明過程，可以清楚知道事實並不是如此。

由於電視開票作業廣泛結盟，對象盤根錯節，不只在螢幕呈現，也提供大型網站、手機通訊使用，數字產生結果的擴散影響就可想而知。

外籍兵團貢獻不小

商業台規劃開票作業強調「正確與速度」很多時候只是一個面具，隱藏在背後的是對收視率與廣告利潤的追逐，電視開票作

業無可避免的需要考量的因素既多且雜（表一）。

電視選舉開票作業任一可能因素，都是造成主管決策困境的來源，電視開票作業必須能夠營造氣勢，造成話題，拉抬收視，增加廣告，創造利潤，當電視台因為如此作為，有效衝高票數，吸引觀眾收視，進而獲得獎勵時，不可否認這樣的信仰關聯是存在的。

《表一》電視開票作業考量因素

開票考量因素一	開票考量因素二
1. 開票速度快慢	1. 片頭氣勢呈現
2. 開票數字高低	2. 音樂聚焦效果
3. 收視率升降	3. 大開場方式
4. 廣告量多寡	4. 主播轉場交接專業度
5. 營收利潤增減	5. 螢幕鏡面呈現
6. 口碑信譽好壞	6. 內外場交接流暢度
	7. 廣告破口進出時間點

資料來源：作者

電視開票作業，從最基本編採作業規劃，到圖卡動畫處理，更涉及複雜電腦程式與內外場計票（表二），這些都不是電視台所能完全處理。

因此委由「外籍兵團」就是唯一選擇，但是沒有任一主管有十足把握能夠確保外包電腦廠商在開票流程上不會出狀況，全新召募的工讀生又來自不同環境背景，在彼此默契有限，專業局限下，可能產生的作業混亂即可預期。

《表二》轉播作業與開票監控

轉播配套作業	監控計票方式
1. 採訪路線規劃	1. 外包電腦系統
2. 編輯製播企劃	2. 採訪系統
3. 新聞主播配置	3. 編導系統
4. 導播鏡面處理	4. 外場報票工讀生
5. 電腦圖卡製作	5. 內場Key in工讀生
6. 虛擬畫面營造	6. 計票現場助理導播
7. 特案廣告洽接	7. 業務系統
	8. 決策主管

資料來源：作者

數字迷思的重新反省

電視台每逢選舉灌票早已不是新聞，但卻難以禁絕，增刪竄改數字視為常態，嚴肅議題成了媒體以票數娛樂特定陣營支持者的工具，使得媒體報導重大選聞手段與目的失焦，閱聽眾利益更淪為商業競爭下的犧牲品。

選舉開票過程，電視台標榜本身報票完備、數據權威表象外，隱藏以友台開票數字，以及偏差民調作為參考指標（表三），但這樣做法的危險性在於，資訊源頭是否已經偏差？友台票數可靠嗎？民調結果難道未失真？如未將這些因素加計在內，計票結果勢將導致失控與不可收拾情形發生。

《表三》計票資訊參考指標

1. 友台票數呈現
2. 政黨地方黨部計票系統
3. 平均民調參考指標
4. 線上記者參考經驗
5. 中央選委會

資料來源：作者

　　當灌票已成組織中內化的集體意識，電視台競相超額計票五萬、十萬也成常態時，工讀生與相關人員只要心防鬆懈，多按一個鍵，少按一個鍵也就不以為意，以致當操盤者驚訝發現竟有灌爆選票，逆向減碼畫面出現時，恐為時晚矣，因為畫面已經傳達全國／全球閱聽眾。

　　電視市場開放以來，商業台競逐收視爭攫利潤，以致「相互吞噬」早成普遍存在現象，流言蜚語穿梭其中更是見怪不怪。

　　雖然大選前部分電視台已信誓旦旦絕不會發生灌票情事，但閱聽眾仍震撼於這樣的灌票剝削，部分電視台仍是一面彼此卸責，一面編織著一成不變的說詞，組織內所關心的仍是那零點幾的收視率。

　　當社會責任與商業利益兩相角力時，部分新聞主管都面臨或多或少可能的自律或他律交戰，但這樣的反思並不能推卸選舉灌票，引起社會不安的指責，事實上造成這樣的結果，身為一個電視新聞工作者可能必須自省內控失效、系統脫軌的原因，重新思考何時可以脫卸緊縛的收視數字枷鎖，畢竟，真要「健全灌票機制」，未免也太過沉重了。

五、收視率下的集體焦慮

我們應該反思的是，台灣媒體是不是有集體走向反智的
傾向。

（Media Watch媒體觀察—緋聞掛帥Rating Anxiety）

（編按）台灣的媒體生態顯示，無線電視與有線電視的界線
已日趨模糊，播出內容成為閱聽人選擇收視的重要指標，頻道
已不是首要考慮，因為大家都在同一個遙控器裡，這也使得各
台卯勁大做八卦新聞，以爭取收視率。

電視新聞人最近常談論兩個話題，一個是《天下雜誌》二
〇〇二年四月號的封面故事「弱智媒體」，文章抨擊電視新聞不
知從何時開始，政爭、犯罪、緋聞、八卦狗仔、迷信、神桌等新
聞，成為主流。

當媒體越來越講究速度、聳動、效果，而犧牲品質與深度
後，整個社會正在遭受何種衝擊？台灣媒體是不是有集體走向弱
智與反智的傾向？不少觀眾則是在看了新聞之後產生了嚴重焦慮
感。

另一個話題則是柯賜海打架與立委游月霞瘦身新聞，新聞局
新聞評議會主動發函電視台，要求各台提出說明，不排除依法處
以罰款。

面對轟隆砲火，電視新聞人好似執迷不悟、十惡不赦的罪
人與社會亂源，但靜思細想，這兩個議題都和收視率有著緊密關
係，電視新聞→觀眾收視率→廣告盈收→製播產出，對電視人而
言，這四個循環是存在著動態依存關係。

每天上午十點是各家電視台主管的集體焦慮時刻，AC

Nielsen收視率報告出來，大家開玩笑說這是每天開樂透，從節目總排名表、每十五分鐘收視、每三分鐘收視線圖變化，一直到每分鐘收視分析，都是每日必修早課，同步對照每一則新聞排序、內容、長度、畫面與過音稿，觀察收視上的曲線變化。

▍收視率成了致命毒藥

如果還是看不明白，就要進一步分析收視觀眾輪廓趨勢，從姓別、年齡層、職業別、教育程度、地域別，一直到市場佔有率、前後節目的導入與導出效果（lead in & lead out）等相關蛛絲馬跡都是研究的對象，電視新聞人的集體焦慮就是這樣來的。

收視率的戰爭持續上演，某有線電視家族日前更以AC Nielsen的收視率報告慶祝收視大豐收，頒發獎金，更同步以SNG轉播保全人員前往銀行取款過程，順道在頻道上為自家銀行打打知名度，戲劇效果十足。

然而高收視率所帶來的意義為何？效益又為何？黃寶玉（中國時報，2002）在〈誰需要24小時電視新聞？〉中即指出，傳播學者Arthur Asa Berger在其〈全天候新聞廣播與美國資產階級〉裡提到，精神分析家認為這些全天候新聞台的忠實觀眾其實是患有精神官能症，嚴重的話會出現新聞中毒（newsaholics）。人們對二十四小時電視新聞的狼吞虎嚥，其實是來自此一症狀中的無力感與無價值所造成的焦慮不安。

觀眾為高收視率節目盡了觀看的義務，卻沒有得到應有的權利，只能眼睜睜的看著社會風氣敗壞卻無能為力，焦慮感與日俱增。

不可諱言，有線電視興起後，如細胞繁殖般衍生出近一百個頻道，已徹底改變了原有的電視生態，也創造了新的閱聽模式。

台灣有線電視普及率已從一九九四年四成多（不及美國的62%）提高到超越美國，而達到目前約80%左右（劉幼琍，1997），如今更是已超過八成，部分都會區則高達九成一。

有線台與無線台界線模糊

有線電視業者掌握多頻道核心優勢，將無線電視頻道納為其出售產品的內容之一，廣告量與收視群，已足與無線電視分庭抗禮，系統業者傳輸品質優劣，以及頻道定址，都會影響無線電視觀眾的收視忠誠度。

這也使得傳統上無線與有線電視界線日趨模糊，觀眾已經不再以無線或有線電視做為收視標準，因為大家都在同一個遙控器裡。

面對有線電視蠶食鯨吞，無線電視則是逐漸失守。根據AC Nielsen收視分析，發現重要性僅次於八點檔的午間檔時段（中午十二點到下午一點收視，無線台佔44.28%，有線台佔55.72%），四家無線台歷年來第一次被有線台同時段節目打敗。

事實上無線台在晚上九點之後的收視率，早就落後有線台（民生報，民91）。二〇〇一年同時段收視率，無線台佔有40.4%，有線台則為59.6%，幾乎達到六成佔有率。

七點晚間新聞是無線台重要命脈之一，AC Nielsen針對晚間七時至七時五十九分，無線和有線電視收視率所做調查發現，有線電視收視率部份：由一九九四年的4.94%，提高到一九九九年的10.27%；無線電視收視率部份：則是由21.94%下跌到16.76%。

對照無線與有線電視的競爭，新頻道將會對舊頻道造成「替代效應」，即新頻道如果能在廣告價錢上更便宜，使用上更便捷，舊頻道在閱聽人中的地位很可能被取代。

這是因為一個社會投注在傳播媒體上的資源是固定的，新頻道要被閱聽人和廣告市場接受，必須排擠並取代舊頻道。

以電視新聞為例，有線台為了加速瓜分市場，新聞社會化、八卦化越益嚴重，強調對立與衝突的戲劇效果，偏好聳動內容；無線台眼見防線不保，部分則是隨波逐流，競逐庸俗內容，刺激感官，媒體表現大倒退。

面對此一景況，電視新聞人難道不自覺如此「製作」新聞，已經偏離真正的新聞，成為綜藝式、娛樂式的破碎片段訊息？我想做為百中選一的新聞尖兵，是難於挑戰收視率對廣告盈收所造成的壓力，社會責任常淪為收視率結果論下的犧牲祭品。

台視新聞從「拒播小鄭與莉莉的愛情故事」、「拒播璩美鳳式的言情新聞」、「拒播柯賜海打人事件」、「拒播立委林進興的三人行新聞」，我們時刻反思的是：當平均每人每天花二點五個小時收看電視，發現媒體不再代表社會良心，不再做為知識傳遞、文化素質提升與社會正義的推動力，電視新聞存在的意義是什麼？

社會責任與收視率糾葛難解

新聞同業都說台視很有格調，不少人也都很欣羨台視能提供一個正統優質的新聞環境，而不是芝麻綠豆的社會新聞也可以放頭條的弱智作法，贏得各界掌聲的背後，常是承擔收視率壓力的開始，自律與矛盾總是如影隨形的糾葛。

面對各界的責難與新聞處理方式的偏鋒，各媒體的新聞主管與主播難道不了解其中的尺度與界線嗎？但當觸及收視率升降時，瞬間的堅持可能都軟化了，以台視新聞為例，不少人對於同仁們的努力不時給予肯定（魏玓，2002，中國時報），觀眾投書

及網友的支持不斷，但是收視率的回饋，卻不時令人挫折。

即使如此，台視仍執著製播全家人共賞的新聞，畢竟媒體除了收視率之外，還需兼顧公共道德與社會責任，但走來卻是何其辛苦。

收視率爭議不斷，更有媒體主管指責收視率才是媒體競爭惡質化的罪惡淵藪，如此論斷似嫌卸責；但面對台灣「收視率一言堂」的特殊生態，國外（例如：英國BBC、加拿大CBC）在這些年來則是除了量化研究外，也逐步發展質化研究（quality rating survey），採取樣本戶管控與資料蒐集分開進行方式，以避免一家公司黑箱作業的情形。

但根本解決之道，則是各家電視台除了借助外部的收視率調查機制外，本身是否做好了足夠的研發準備，以日本NHK為例，民間收視率調查公司僅為輔助工具，NHK透過「國民生活大調查」與「全國個人視聽率」作為節目編排重要依據，以量化調查法得到質化研究資料。

不管是BBC或NHK的做法，台灣媒體可能都難以企及，但如果無法共同尋求突破，「弱智媒體」的改革契機可能遙遙無期，收視率與閱聽人權益的論戰將持續下去，集體焦慮也將藥石罔效。

面對這樣的困境，美國商業歷史學家錢德勒（Alfred Chandler）在《策略與結構》一書中曾經提及：決定企業的長期目標，是採取行動，對達到目標所需的資源進行分配。無線電視台究將如何有效分配資源，進行研發，解決困境，已是不能不正視的問題。

六、廣電人的消逝

因為廣電人的退出，電視媒體收視率調查重回單一市場。

〈Media Watch媒體觀察—TV Rating〉

（編按）面對收視壓力，電視台為了加強觀眾黏著度，快速瓜分市場，新聞社會化、八卦化越益嚴重。任誰都知道，這是收視率的作祟，廣電人的創設原來希望建立良性競爭機制，但卻事與願違，因為經營壓力，她被迫淡出市場。

這兩星期，媒體成了人人喊打的過街老鼠，企業界罵、名導演罵、名主播罵、國中生罵、家長也罵，媒體更是交相指責，互批不是。學者說，期待媒體自律，就如同狗吠火車，根本無濟於事。

當全台同聲一罵的時候，聽到「廣電人」本月起進行清算的消息，令人有些錯愕與意外。這個在二○○○年催生，二○○二年十二月成立的收視率調查公司，最初的構想在扭轉電視亂象，未料今天媒體的偏執表現不下以往的時刻，「廣電人」卻要走入歷史。

這個曾被不少電視人寄予希望的「廣電人」，在主要股東經營不易，增資已成不可能任務的情況下，四年前的土洋大戰，重回AC Nielsen獨佔原點，無可避免的將衝擊既有的媒體生態。

還記得只有AC Nielsen的年代，每天上午十點是各家電視台主管的集體焦慮時間，AC Nielsen收視率報告出來，大家開玩笑說這是每天樂透開獎，從節目總排名表、每十五分鐘收視、每三分鐘收視線圖變化，一直到每分鐘收視分析，都是每日必修早課。

▌新聞八卦化儼成主流

同步對照每一則新聞排序、內容、長度、畫面與過音稿，觀察收視圖表上的曲線變化，如果還是看不明白，就要進一步分析收視觀眾輪廓趨勢，從性別、年齡層、職業別、教育程度、地域別，一直到市場佔有率、前後節目的導入與導出效果等相關蛛絲馬跡，都是研究的對象，電視新聞人的集體焦慮就是這樣來的。

從最近的主播緋聞報導仍可看出，電視台為了加強觀眾黏著度，快速瓜分市場，新聞社會化、八卦化越益嚴重，強調對立與衝突的戲劇效果，偏好聳動內容，收視率成了宰制媒體的唯一判準，有人說，這是只看「量」，不顧「質」的結果。

幾年來的媒體改革成效有限，媒體競逐庸俗、刺激感官、表現倒退，面對此一景況，部分電視新聞人知道這樣的內容，已經偏離了新聞常軌，採訪報導呈現綜藝式、娛樂式的零碎片段，面對「觀眾愛看」的市場惡性競爭，新聞專業只能權充為理想的神主牌。

陸鏗說：「是人，幹嘛要當狗仔？」。但是在新聞逆勢而行情況下，是否會加重煽色腥內容，實在令人無法樂觀看待，因為這樣的媒體生態和環境並非一朝一夕所造成，商業機制裡看不見的手操弄下，媒體人成了偷窺的狗仔，有人說，收視率是媒體競爭惡質化的罪惡淵藪，「廣電人」就成了集體脫困的靈丹妙藥。

廣電人成立之初，董事長賴東明親自為電視同業簡報，對於借助收視率導引新聞製播，與改善電視環境充滿期待，除呼應社會上對AC Nielsen收視率調查樣本的質疑以外，也認同市場上只有AC Nielsen一家獨佔市場，並無法真實反映電視收視率，藉由「廣電人」所引進的日本資金及市調軟體，將可以做到更精準的調查。

▎弱智媒體恐將還魂

廣電人當初的成立，曾強調這不只是第二家收視率調查公司的市場卡位，目的是提高收視率調查產製過程的透明度，清楚收視率數據的來源，採取等距抽樣，降低抽樣誤差，建置具代表性的各縣市樣本家戶分布，讓廣告主能夠了解收視族群及分布狀態，作為購買廣告時段的參考。

今天可以確定的是，「廣電人」當初集資成立的理想，尚未達成即已陣亡，「弱智媒體」恐又將還魂，收視率與閱聽人權益的論戰看來仍是無解。

當電視新聞越來越講究速度、聳動、效果，犧牲倫理、品質、深度，造成資源虛耗之際，整個社會恐將持續付出代價。

七、催生台灣英語電視台

這是政府的政策，目的是協助外籍人士瞭解台灣，並為
台灣在國際上發聲。

〈Media Watch媒體觀察—Taiwan English Channel〉

（編按）富有的台灣不缺頻道，卻少了一個能代表台灣發生
的英語電視台，以使國際人士進一步認識這個福爾摩莎之島。
以英國為鑑，英國BBC的媒體目標，定位於提供全球觀眾最可
信賴的國際新聞，以及建構英國文化的全球櫥窗功能。對比
BBC的創設目的，這是不是也正是台灣所最需要的？

台灣明基購併西門子手機部門的新聞，迄仍受到全球矚目、
討論之際，行政院長謝長廷日前赴明基電通參觀時，董事長李焜
耀接待的同時，則是表達對台灣媒體的不滿。

李焜耀指出，當明基購併西門子新聞對全球公佈之際，台灣
的媒體報導卻正淪陷於王育誠的「腳尾飯事件」當中，相較於德
國《金融時報》、《明鏡周刊》、CNN及BBC等國際媒體的大幅
報導，此一重大國際購併新聞並未受到應有的對等重視，不禁令
人覺得台灣閱聽人似乎對經濟發展及品牌認知過於冷漠。

面對台灣全球化的發展趨勢，李焜耀當時強調，當愈來愈多
外籍人士來台定居之際，政府應協助成立英語電視台，不僅止於
新聞內容，同時應深入台灣風土民情的報導，除有助於外籍人士
更加瞭解台灣，更可為台灣在國際上發聲。

李焜耀的建議，也呼應了阿扁總統在二○○四年所說的，
「台灣要永續發展就必須面向海洋，以世界為舞台。我們必須全
面提升國民的外語能力，並對外籍人士長期居留與工作，提供更
多元與國際化的生活環境。」

▌政府宣誓理應貫徹

事實上，政府之前即曾宣示，二〇〇三年上半年，台灣就會出現一個全天候播出的英語電視頻道，這是當時擔任行政院政務委員的黃輝珍所負責推動的方案，計劃由政府每年動支一億元預算，以公開招標方式委外製播，形式即類似現已相繼開播的客家電視台與原住民電視台。

之後，政府則是依循行政院「挑戰二〇〇八：國家發展重點計畫」，提出營造英語生活環境的行動方案，採取公開招標，委外製播一小時的英語新聞節目。此一節目目前是由民視新聞台得標後在夜間播出，隔日凌晨再由台北國際社區廣播電台節錄重播半小時。

英語電視頻道製播不易，否則不會討論經年卻無疾而終，也許這正是政府考量內外資源配置與整合困難等因素後，調整減縮為每日午夜播出一小時的主要原因。

但是對比五年前《自由時辦》創辦英文《台北時報》之景況，同樣明知台灣英文報紙市場胃納有限，無論在派報、發行、印刷、編採設備等軟硬體的投資上，可能都將面臨沉重的財務與經營壓力，卻仍執著創刊，毫不退縮。

林榮三很明白的表達出這份報紙的使命感，就是要開辦一份具有台灣主體性的英文報紙，宣傳台灣的民主發展，在台灣與中國的議題上，讓國際間清楚認識台灣立場，並寄望透過英文《台北時報》的內容呈現，為台灣在國際上發聲，最重要的就是藉助這樣的一份英文報紙，提出自己的新聞觀點，能夠「把台灣帶到國際，把國際帶到台灣」。

以社會正義包裝煽色腥

過去一段時間以來，台灣發生很多事，從潘妃戀到蚊哥出殯、王育誠的腳尾飯等等新聞事件，台灣電子媒體的表現，也許正如布爾迪厄指摘法國電視節目是去政治化、通俗化，將娛樂、人情趣味、奇觀等事件剪輯成熱鬧的雜繪新聞同樣的做法，到最後只剩下一種荒謬感，這似乎也是台灣電子媒體以社會正義包裝羶色腥，模擬造假、欺騙閱聽人的寫照。

面對台灣的媒體國際化思維，台積電董事長張忠謀本月初在與《紐約時報》負責人沙茲柏格對話時，也強烈期盼台灣報紙能夠增加國際新聞，增加時勢分析和內容詮釋。

當英國BBC的媒體目標，定位於提供全球觀眾最可信賴的國際新聞，以及建構英國文化的全球櫥窗功能。當大家也都對台灣媒體有所期待時，也許套一句英文《台北時報》創辦人林榮三，曾經說過的一句話做為結語，亦即「台灣講國際化講了多少年，連一份夠水準的英文報紙都沒有，如何國際化？」

同樣的，「台灣講國際化講了多少年，連一家夠水準的英文電視台都沒有，如何國際化？」

也許新聞局可以慎重思考，台灣國際化的同時，是否可以從催生一家獨立的全頻道台灣英語電視台開始。

第參章

報業生態

一、報業的寒冬

經營困境的內外夾攻，已引發不同報團的存亡割喉戰。

〈Media Watch媒體觀察─報業寒冬Newspaper Crisis〉

（編按）近年來由於電子媒體與網際網路的崛起，瓜分了閱聽大眾，夾縫中求生存的傳統報業更加艱困了，為求突圍，廣告戰火全開，但閱報人口陡降，廣告成效如何則有待商榷。事實上，全球報業同樣都面臨了嚴格的競爭壓力，當然，也包括台灣在內。

國內各家報社，最近一個月掀起廣告戰火，紛紛依據AC Nielsen最新的媒體大調查結果，各取所需的大打文宣戰，內容從閱報率高低、讀者消費力解析等都是競爭目標。

▌閱讀習慣改變，全球報媒體打寒顫

AC Nielsen二○○五年最新一季的媒體大調查結果顯示，大多數的讀者最常閱讀日報的廣告版面是《蘋果日報》，閱讀率42.9％。「北部地區昨日閱讀率」方面，《蘋果日報》18.6％、《自由時報》15.3％、《中國時報》13.1％、《聯合報》12.6％；在「南部地區昨日閱讀率」方面，《蘋果日報》17.1％、《自由時報》14.9％、《聯合報》7.7％、《中國時報》5.7％。，數字升降，令各報也是膽顫心驚。對比台灣報業激烈競爭現況，全球報業同樣都面臨了嚴格的競爭壓力。

以美國為例，受到讀者閱讀習慣改變，以及另類媒體興起的衝擊，全美報業協會（NAA）統計顯示，二○○四年十月一日至二○○五年三月三十一日止，全美八百一十四種報紙的每日發行

量,約四千七百三十七萬份,較去年同期下滑1.9%,是一九九五年至九六年期間下降2.1%以來的最大跌幅。

受到廣告收入下滑,發行量減少,年輕讀者閱報習慣改變,印報以及管銷成本增加等因素衝擊,《紐約時報》在二○○五年九月時也傳出將要裁員五百人。此外,《費城詢問報》也打算要裁員五百人,《費城每日新聞》同樣也要減少員額超過百人。

統計也指出,各平面媒體的廣告市場也大幅萎縮,從一九九四年在總廣告支出佔22.4%的市場佔有率,降到二○○四年的17.7%。幾家知名度較高的報紙發行量都表現欠佳,發行週末版的六百四十三種報紙,平均發行量較去年同期下降了2.5%。

▌發行量直直落,英國報業小報當道

被稱為全球競爭最為激烈的英國報業環境,情形也不遑多讓,受到電子媒體與網際網路分割閱聽眾衝擊下,也面臨存亡割喉戰,各個報團重燃戰火力拚突圍。

以前兩年飽受經營之苦的英國報業鉅子布萊克爵士為例,即可看出英國報業競爭狀況,布萊克從一九七八年開始發跡,一九八六年起逐步收購各國報業,擁有英國《每日電訊報》、《星期日電訊報》,美國《芝加哥太陽報》及以色列《耶路撒冷郵報》等四百餘家報紙,所具有的報業影響力足可以和新聞集團梅鐸相抗衡。

其中,全英發行量第一的大報就屬《每日電訊報》,有費報份達到六十萬份,遠遠超過《泰晤士報》,雖然不及煽色腥新聞取勝的《太陽報》三百餘萬報份,但在國內外無形影響力上卻足以傲視群倫,布萊克也因為報業成就與中間偏右言論立場,在二○○○年獲授予終身勳爵,但是布萊克也因為公司治理醜聞纏

身，被迫退出經營，令《每日電訊報》元氣大傷。

　　過去英國人擁有的讀報傳統，平均十五歲以上民眾，五成的男性與女性每天都有閱報習慣，但是這樣的情形已因為傳播新科技的變遷而大幅改變。事實上，不只是英國面臨此一窘況，閱報人口下滑已造成全球報業危機。

全球閱讀人口持續下滑

　　除了英國面臨困境外，美國近十年來報紙發行量下滑，已相當於減少了近七百萬名讀者，聯合國教科文組織統計也指出，全球每千人擁有日報數已從一九九〇年的三百四十份降為二〇〇〇年的二百二十六份，降幅達三成四。

　　《每日電訊報》發行量已從一九八七年的每日平均一百一十萬份，到二〇〇三年降為九十一萬份。《獨立報》同樣從一九九〇年的四十萬份，下滑到二〇〇五年四月底止的二十萬份，也是降幅驚人。

　　面對挑戰，突破困境，無所不用其極，媒體鉅子梅鐸，則是將經營重心放在所屬的英國《泰晤士報》，經過三年研究後，在全開大型報發行的同時，以不額外增加編採成本情形下，另外發行四開的小型報《Tabloid》，成效不差。

　　畢竟形勢比人強，英國報業統計顯示，發行量最大的全國性報紙當中，《太陽報》、《鏡報》、《每日郵報》、《快報》等小型報列名前四大，之後才是全開的大型報。

　　《泰晤士報》發行量在二〇〇三年十月仍持續下滑8.6%，發行份數為六十三萬一千一百零九份，但是同樣面臨此一困境的《獨立報》，自從發行了《Tabloid》小型報後，到二〇〇三年九月發行量反而有微幅成長，這也是何以梅鐸希望借鏡此一發行模

式力挽頹勢。

　　但英國報業大戰的始作俑者也是梅鐸所屬的《泰晤士報》，一九九三年九月《泰晤士報》發行量和競爭對手《獨立報》都在三十五萬份左右，梅鐸首先將報紙售價由四十五便士降為三十便士。

　　《獨立報》在策略失誤下痛失市場，歷經半年鏖戰，一九九四年，《泰晤士報》發行量上升四成達到五十萬份，《獨立報》報份遭瓜分逆勢降為二十七萬份，《泰晤士報》雖贏了市場，但也相對承擔了沉重的營運壓力。

新興媒體瓜分，台灣報業戰火慘烈

　　從媒體發展經驗觀察，任何一個新興媒體加入市場，必然會影響原有媒體運作的秩序，台灣的有線電視與衛星電視系統，瓜分無線電視收視人口與報紙閱讀人口，即可看到其中的競爭壓力。

　　廣告人協會資料指出，一九九八年在報紙上出現的廣告一共是二百一十一億元，到二〇〇二年底在報紙上出現的廣告數字是一百二十一億元，跌了43%，不過是幾年時間，從一九九八至二〇〇二年，四年間平面媒體的廣告量大幅下降。

　　二〇〇一年，對台灣不少媒體而言，都是經營轉捩點，有線電視持續瓜分市場，無線電視與報紙則是營運下滑，當時台灣內外政經情勢大幅變化，報社的營收銳減，廣告減少近三成。

　　報禁開放後，報紙在太平歲月時期，每年營運成績頂多是2%到3%逐步成長，但二〇〇一年短短幾個月內，卻以30%的幅度急速滑落。報紙的成本不斷上揚，競爭也不斷加劇，紙張成本是報紙的大宗支出，當二〇〇一年的國際紙價由每噸四百五十美

元飆漲到六百七十美元之際，以中型規模報紙的一年用紙量十二萬噸來說，成本即增加二千六百四十萬美元，加上匯率節節升高，一年成本就要多出九至十億元台幣，令不少報社的經營者倍感壓力。

相對的，廣告與發行卻是陷入惡性競爭，有些報紙的分類廣告由原先的刊一贈三、贈四，到後來的贈八甚至贈九，單價更降至一成至一成半，逼迫同業做流血競爭。

事實上，台灣報業從未認真執行過公開報紙發行量統計，令消費者與廣告主無所依循，也對各報所發布的各項數據抱持懷疑態度。但據各報統計指出，二○○四年這一年仍是競爭激烈的一年，台灣過去十年整體閱報率也是呈持續下滑走勢。

數字也顯示，台灣過半人口不看報紙。《經濟學人》二○○三年三月報導也指出英國閱報年齡層從一九九○年起，六十五歲以上年齡層閱報率下降6%，二十四歲以下年齡層更大幅下降三分之一。

台灣閱報人口同樣面臨此一發展趨勢，跟十年前比較，台灣三歲以下閱報人口下降二成，這樣的數字對於報業經營者而言，肩頭擔子並不輕鬆。

二、免費報全球開戰

跳離主流媒體戰場，免費報積極培養網路世代閱讀習慣。

〈Media Watch媒體觀察─報業變革Reengineer〉

（前言）在傳統主流報紙面臨讀者逐漸老化的困境時，因應年輕人的免費報陸續在全球出現，二○○五年六月，香港不能免俗地也跟進推出免費報紙。免費報紙，如今已成了潮流、年輕的代名詞。對比世界潮流，台灣的免費報業仍有很大的成長空間。

香港星島新聞集團二○○五年六月中旬開始推出免費報紙，香港免費報也正式進入戰國時代。

星島集團宣佈將在香港六百多個地點調派專人發行，平均發行量四十萬份。Metro International S.A.在二○○二年四月十五日所創辦的首份免費報《都市日報》勢將面臨挑戰。《都市日報》逢周一至周五早上於各地鐵沿線發行，內容以通訊社新聞為主，每日發行量三十萬份，宣稱擁有七十一萬名讀者，是香港第三大報。

免費報推出，傳統報發行量下跌3%

事實上，受到全球化衝擊影響，不管在英國、荷蘭或是韓國地鐵，都可以看到人手一份免費報。十年來，免費報潮流已進入了歐洲、美加、亞澳等國，閱聽人已逐漸接受這樣的閱讀習慣，經驗顯示，免費報的推出，將令傳統報紙的發行量下跌3%至5%。

根據阿姆斯特丹大學二○○四年第四季統計結果，目前全

球計有二十九個國家擁有免費報，每日發行總量達到一千五百萬份，每日閱讀人口為三千五百萬人，面對此一全球化媒體潮流，即使主流媒體也逐漸跨入此一領域。

以《華盛頓郵報》為例，郵報在二〇〇三年八月四日發行《快報》（Express），這是一份小報形式（tabloid form）的免費報，採取二十至二十四頁版面配置，鎖定十八至三十四歲年齡層，閱讀時間設定為十五至二十四分鐘以內；每周一到周五清晨定期發行，路線圍繞地鐵站、大學城及交通要道發行；每期發行量十二萬五千份，版面內容含括國內外新聞摘要、商情資訊及娛樂八卦。華郵成立《快報》的目的，一在培養網路世代的閱讀習慣，二在吸引廣告主有效觸擊目標消費層。

部分國家的免費報，則為配合假日廣告增量需求，會發行「重量級」版本。以英國《地鐵報》周五版面為例，發行頁數即多達六十四頁，內容包括一周電視指南、電影介紹、歌劇演出等內容。

讀者七成是年輕人，廣告主最愛

全球免費報的濫觴，始於一九九二年瑞典現代報業集團（Modern Times Group），瑞典報業集團以三年時間才說服投資人與地鐵路網接受此一構想。一九九五年開始進行的全球集團化發展，不可避免會面臨與各國主流媒體的對抗。

統計歐洲十二國三十九種免費報，二〇〇四年閱報人口達到三百九十萬人，如此實力，不論在法國、義大利都曾引燃不小的報業戰火。當瑞典報業集團進軍加拿大、美國、智利、阿根廷等地，逐步開拓了一百萬的閱讀人口，同樣對當地報業生態造成影響與衝擊。

　　傳統主流報紙面臨讀者逐漸老化困境時，瑞典報業集團強調，免費報七成左右閱聽人年齡在四十五歲以下，這也是廣告主眼中最有潛力的目標市場，受到閱聽人閱讀習慣改變的衝擊，俄國莫斯科也在二〇〇四年十月發行了第一份地鐵報。

　　亞洲最早的免費報於二〇〇〇年在新加坡成立，發行量最大的免費報市場則在韓國。根據Asia Media二〇〇四年七月報告指出，韓國六家免費報發行量總計逾二百萬份，二〇〇四年統計也顯示，韓國傳統主流報紙受到包括免費報等新興媒體的影響，發行量則是下滑二成五。

　　對比各國免費報發展，台灣從一九八八年的世新大學《破報》，與《自立晚報》二〇〇〇年的《台北捷運報》等免費報的蹣跚起步，受限印量發行、編採人力與經濟規模，這幾年來各類型的免費報相繼創刊，一路坎坷，氣候難成，迄今仍難系統性的培養閱聽人的閱讀習慣。

維拉麥特周報，普立茲一戰成名

　　台灣傳統主流報紙，受到尼爾森閱讀率調查影響，各報社每年送出的贈閱報總數曾達五十萬份，但是這和非主流的免費報概念仍有不小的差距。

　　四月五日公佈的二〇〇五年普立茲獎年度得獎名單，來自波特蘭的非主流報紙《維拉麥特周報》（Willamette Week），擊退《紐約時報》等競爭對手，榮獲調查報導獎，這家發行量九萬份，創刊三十年的免費報一戰成名，受到全球注目。

　　得獎記者尼格爾賈奎斯（Nigel Jaquiss），之前是華爾街石油貿易商，追蹤披露前奧勒岡州長高德史密特（Neil Goldschmidt）一九七〇年擔任市長時，與一名十四歲少女的不倫之戀，受到以

標舉「揭發不公、腐敗，維護公共利益」的普立茲獎評審委員的一致肯定。

《維拉麥特周報》這份毫不起眼的美國地方小報，採取「報網合一」模式，九萬份實體發行量，藉由虛擬網路滲透率及網路分版概念，創造了超過九萬份報紙的影響力，也為廣告主提供了最佳綜效服務。

「普立茲獎」，一個無法預知的榮耀授與，正如《維拉麥特周報》在得獎隔日所刊載感言上所說的：「三十年來，計算不出有類似我們這樣的媒體曾獲此殊榮，但三十年來，卻可以計算出我們是多麼的用心與努力。」

中央社一直是台灣免費報業發行上的重要內容提供者，但是審視台灣免費報業近幾年的發展情形，市場迄今仍是處於待開發階段，現在就只能靜待伯樂揮汗撒種，效法《維拉麥特周報》奮鬥不懈的精神，耕耘一份有品質的另類媒體。

三、從英國報業醜聞看台灣報業競爭

倫敦，擁有全球競爭最為激烈的報業環境，每日電訊報
則是其中佼佼者。

〈Media Watch媒體觀察—報業帝國Newspaper Scandal〉

（編按）英國報業所面對的最大挑戰，來自於發行量與廣
告量持續衰退的困境無法突破，這是誰都知道的問題。但是
布萊克爵士違法掏空霍林格集團的做法，才是最令人無法原
諒之處。

二〇〇三年十一月中旬因公赴英國路透社與法國法新社
訪問，期間英國報業界爆發霍林格國際報業集團（Hollinger
International）執行長布萊克爵士（Lord Black）因非法掏空公司
資產，在美英報業界引起軒然大波。

當時媒體都以大篇幅報導此一醜聞，並導引出對英國報業發
展的討論，這件事並未引起台灣媒體太多關注，但對比正陷入激
烈競爭的英國報紙產業而言，其中若干現象似乎也值得同樣面對
生存困境的台灣報業借鏡。

被稱為全球競爭最為激烈的英國報業環境，受到電子媒體與
網際網路分割閱聽眾衝擊下，也面臨存亡割喉戰，各個報團重燃
戰火力拚突危。

▌影響力傲視群倫

其中，尤以布萊克爵士所擁有的《每日電訊報》，受到傳
言指出因為發行與廣告大幅衰退，隨時可能擇機釋出受到最多的
討論（The Economist, 2003）。雖然《每日電訊報》讀者逐漸萎

縮，年齡層老化，但由於龐大的政治影響力與廣告持續獲利，仍引起了包括《紐約時報》、《華盛頓郵報》與英國情色傳媒大亨戴斯蒙（Richard Desmond）的高度興趣。

布萊克爵士秉承父蔭，從一九七八年開始發跡，一九八六年起逐步收購各國報業，擁有英國《每日電訊報》、《星期日電訊報》，美國《芝加哥太陽報》及以色列《耶路撒冷郵報》等四百餘家報紙，所具有的報業影響力足以和新聞集團梅鐸相抗衡。

其中，全英發行量第一的大報就屬《每日電訊報》，有費報份達到六十萬份，遠遠超過《泰晤士報》，雖然不及專靠羶色腥新聞取勝的《太陽報》三百餘萬報份，但在國內外無形影響力上卻足以傲視群倫，布萊克也因為報業成就與中間偏右言論立場，在二〇〇〇年獲授予終身勳爵。

但是布萊克醜聞的爆發只是英國報業競爭上的冰山一角，各報團所面對的最大挑戰仍來自於發行量與廣告量持續衰退的困境無法突破，這從下表中的數字即可看出一二。

英報業每月發行量成長與衰退一覽（2003/10）

The Independent	+7.5%
The Daily Telegraph	-2%
The Times	-0.1%
Daily Mail	-0.2%
The Guardian	-0.6%
The Daily Telegraph	-2.1%
Financial Times	+1%
The Sun	-1.9%
Daily Mirror	-0.1%

資料來源：Audit Bureau Circulations

　　過去英國人擁有的讀報傳統，平均十五歲以上民眾，五成以上的男性與女性每天都有閱報習慣，但是這樣的情形已因為傳播新科技的變遷而大幅改變。事實上，不只是英國面臨此上窘況，閱報人口下滑已造成全球報業危機。

　　美國報業公會一九九八年的統計資料顯示，在一九九七年有67%的人每天閱讀日報，一九八九年降為51%，年輕一代閱讀報紙的習慣遠低於中老年人（商業周刊，1999）。

　　除了英國面臨困境外，美國近十年來報紙發行量下滑，已相當於減少了近七百萬名讀者，聯合國教科文組織統計也指出，全球每千人擁有日報數已從一九九〇年的三百四十份降為二〇〇〇年的二百二十六份，降幅達三成四。

　　《每日電訊報》發行量從一九八七年的一百一十六萬九千九百份，到二〇〇三年十月時已降為九十一萬四千一百六十九份，比九月份下降2.16%，比前一年則是下降了6.01%，星期日電訊報也比去年同期下降9.78%（The Observer, 2003）。

每日電訊報發行衰退一覽表

2002/07	1,005,002
2002/08	1,002,741
2002/09	995,817
2002/10	972,596
2002/11	965,208
2002/12	943,635
2003/01	946,697
2003/02	927,807
2003/03	926,500
2003/04	930,822
2003/05	926,052
2003/06	915,206

2003/07	921,741
2003/08	929,060
2003/09	934,341
2003/10	914,169

資料來源：Audit Bureau Circulations
（轉引自 The Observer 2003/11 P.4）

　　同樣為了突破困境，梅鐸公開表明無意於《每日電訊報》的經營權之爭，重心全放在所屬的英國《泰晤士報》經過三年研究後，已決定在全開大型報發行的同時，在不額外增加編採成本情形下，另外發行四開的小型報《Tabloid》。

　　畢竟形勢比人強，英國報業統計顯示，發行量最大的全國性報紙當中，《太陽報》、《鏡報》、《每日郵報》、《快報》等小型報列名前四大，之後才是全開的大型報。

　　《泰晤士報》發行量在二〇〇三年十月仍持續下滑8.6%，發行份數為六十三萬一千一百零九份，但是同樣面臨此一困境的獨立報，自從發行了《Tabloid》小型報後，到二〇〇三年九月發行量反而成長了7.7%。

　　這也是何以梅鐸希望借鏡此一發行模式力挽頹勢，他也希望能夠因此在倫敦地區增加八萬份發行量（Financial Times, 2003）。

英國全開報紙市場占有率一覽（2002/8—2003/1）

The Times	25%
The Guardian	14%
The Daily Telegraph	36%
The Independent	8%
Financial Times	17%

資料來源：Audit Bureau Circulations

　　但英國報業大戰的始作俑者也是梅鐸所屬的《泰晤士報》，一九九三年九月《泰晤士報》發行量和競爭對手《獨立報》都在三十五萬份左右，梅鐸首先將報紙售價由四十五便士降為三十便士。

　　《獨立報》在策略失誤下痛失市場，歷經半年鏖戰，一九九四年，《泰晤士報》發行量上升四成達到五十萬份，《獨立報》報份遭瓜分逆勢降為二十七萬份，《泰晤士報》雖贏了市場，但也相對承擔了沉重的營運壓力。

　　對比台灣媒體競爭環境下，報紙的閱讀人口與廣告量也在下降當中，這從以下的統計即可看出端倪：

台灣傳統四大媒體之廣告量與接觸情形

報　紙	2001年	2000年	1999年	1998年
報紙媒體有效廣告量（億元）	164	187	188	211
過去7天看報紙（%）	68.6	72.8	74.6	78.6
昨天看報紙（%）	55.2	59.4	61.6	66.0
週間日平均一天閱報（分鐘）	22.8	23.4	24.6	27.0
週末日平均一天閱報（分鐘）	21.0	22.8	24.0	28.2
電　視	2001年	2000年	1999年	1998年
電視媒體有效廣告量（億元）	277	306	322	348
過去7天看電視（%）	99.3	99.1	98.8	98.7
昨天看電視（%）	95.7	93.1	90.1	90.0
週間日平均一天看電視（小時）	2.81	2.74	2.69	2.61
週末日平均一天看電視（小時）	3.29	3.23	3.16	3.09
雜　誌	2001年	2000年	1999年	1998年
雜誌媒體有效廣告量（億元）	65	72	61	59
上週看週刊（%）	19.3	15.9	16.5	20.4

上個月看月刊（%）	27.9	28.4	27.8	34.1
廣　播	2001年	2000年	1999年	1998年
廣播媒體有效廣告量（億元）	22	23	21	
過去7天聽廣播（%）	51.6	49.5	52.7	53.2
昨天聽廣播（%）	31.9	32.3	31.5	32.6
週間日平均一天聽廣播（分鐘）	71	71	74	79
週末日平均一天聽廣播（分鐘）	52	53	51	54

資料來源：潤利有效廣告量／AC Nielsen媒體大調查

　　從媒體發展經驗觀察，任何一個新興媒體加入市場，必然會影響原本傳媒運作的秩序，這從有線電視與衛星電視系統瓜分無線電視收視人口與廣告量即可看到其中的競爭壓力。

　　陳國祥（1998）指出，過去十年裡由於報禁期間基礎已穩固的兩大報系《中國時報》、《聯合報》，以其既有的實力進一步擴展報業版圖，面對報禁後原有或新創的中小型報紙，除非有大財團支撐，否則很難與兩大報競爭。

　　廣告人協會資料指出，一九九八年在報紙上出現的廣告一共是二百一十一億，到二〇〇二年底在報紙上出現的廣告數字是一百二十一億，跌了43%，不過是幾年時間，從一九九八至二〇〇二年，四年間平面媒體的廣告量大幅下降。

　　可是報業市場的運作，又與一般產業不完全相同，它是一個「雙元市場」（dual product market），其產品特質，兼具新聞資訊與廣告勞務；公共財與私有財；文化人與企業主；公共論域與資訊商品的雙元特性。

∣調整體質，改造再生

也就是說，報業不但具有商品的特色，也具有文化、政治及社會等公共論域的角色，但也因此報業本身經常陷入社會公器與私人商品間的掙扎。

《中國時報》系在二○○一年六月份裁撤中南部編輯部後，又在八月二日推出醞釀多時的優退優離方案，這一波資方眼中的「整編再造」方案是以精簡五百人為目標。

當時的中時發行人余建新寫給同仁的一封信中也指出：「我相信大家一定更了解台灣經濟的現況與媒體所面對的困境，面對困境如同治病，只有一個選擇：調整體質，改造再生。」

余建新具體的提出了幾項數據，即可以看出各報也同樣面對的嚴厲挑戰：台灣內外經濟情勢急劇惡化，報社的營收銳減，以廣告而言即減少了三成。

以往平順時，每年頂多2%到3%逐步成長，但今年短短幾個月內，卻以三成的幅度急速滑落。

報紙的成本不斷上揚，而惡性競爭不斷加劇。紙張成本是報業的大宗支出，由於國際紙價由每噸四百五十美元飆漲到六百七十美元，以一年用紙量十二萬噸來說，成本即增加二千六百四十萬美元，加上匯率節節升高，一年成本就要多出九至十億元台幣。

相對的，廣告與發行卻陷入惡性競爭，有些報紙的分類廣告由原先的刊一贈三、贈四，到現在的贈八甚至贈九，單價更降至一成至一成半，逼迫同業做流血競爭。

台灣報業從未認真執行過公開報紙發行量統計，一切採取黑箱作業，消費者與廣告主無所依循，但據各報統計指出，二○○三年這一年仍是辛苦的一年，台灣過去十年整體閱報率呈持續下

滑走勢，二○○二年降幅為五成以下。

　　數字也顯示，台灣過半人口不看報紙。《經濟學人》二○○三年三月報導也指出英國閱報年齡層從一九九○年起，六十五歲以上年齡層閱報率下降6%，二十四歲以下年齡層更大幅下降三分之一。

　　台灣閱報人口同樣面臨此一發展趨勢，跟十年前比較，台灣三十歲以下閱報人口下降二成，這樣的數字對於報業經營者而言，實是值得注意和警惕的警訊。

四、免費報，也能榮耀普立茲

三十年的地方小報，一戰成名。

〈Media Watch媒體觀察─Free Paper〉

（編按）包括台灣在內，十年來，免費報潮流已進入了歐洲、美加、亞澳等國，並持續侵蝕傳統報業市場。不論是閱聽人或是廣告市場都已逐步移轉當中，各個媒體經營者首要考量的重點應該是，媒體的核心價值是什麼，才有可能進一步挽回市場。

二○○五年普立茲獎年度得獎名單，於四月五日公布，來自波特蘭的非主流報紙《維拉麥特周報》（Willamette Week），擊退《紐約時報》等競爭對手，榮獲調查報導獎，這家發行量九萬分，創刊三十年的免費報一戰成名，受到全球注目。

得獎記者尼格爾賈奎斯（Nigel Jaquiss），之前是華爾街石油貿易商，追蹤披露前奧勒岡州長高德史密特（Neil Goldschmidt）一九七○年擔任市長時，與一名十四歲少女的不倫之戀，受到以標舉「揭發不公、腐敗，維護公共利益」的普立茲獎評審委員的一致肯定。

《維拉麥特周報》這份毫不起眼的美國地方小報，採取「報網合一」模式，九萬份實體發行量，藉由虛擬網路滲透率及網路分版概念，創造了超過九萬份報紙的影響力，也為廣告主提供了最佳綜效服務。

事實上，受到全球化衝擊影響，不管在英國、荷蘭或是韓國地鐵，都可以看到人手一份免費報。十年來，免費報潮流已進入了歐洲、美加、亞澳等國，閱聽人已逐漸接受這樣的閱讀習慣。

▌主流媒體，相繼跨入市場

根據阿姆斯特丹大學二〇〇四年第四季統計結果，目前全球二十九個國家都有免費報，每日發行總量達到一千五百萬份，每日閱讀人口為三千五百萬人，即使主流媒體也逐漸跨入此一領域。

以《華盛頓郵報》為例，郵報在二〇〇三年八月四日發行《快報》（Express），這是一份小報形式（tabloid form）的免費報，二十至二十四頁版面配置，鎖定十八至三十四歲年齡層，閱讀時間為十五至二十四分鐘以內，每周一到周五清晨定期發行，路線圍繞地鐵站、大學城及交通要道，每期發行量十二萬五千份，版面內容含括國內外新聞摘要、商情資訊及娛樂八卦。華郵成立快報的目的，一在培養網路世代的閱讀習慣，二在吸引廣告主有效觸擊目標消費層。

部分國家的免費報，則為配合假日廣告增量需求，會發行「重量級」版本，以英國《地鐵報》周五版面為例，發行頁數就多達六十四頁，內容包括一周電視指南、電影介紹、歌劇演出等。

全球免費報的濫觴，始於一九九二年瑞典現代報業集團（Modern Times Group），它以三年時間說服投資人與地鐵路網接受此一構想，一九九五年開始全球集團化發展，不可避免會面臨與各國主流媒體的對抗。

統計歐洲十二國三十九種免費報，二〇〇四年閱報人口達到三百九十萬人，如此實力，不論在法國、義大利都曾引燃不小的報業戰火。當瑞典報業集團進軍加拿大、美國、智利、阿根廷等地，開拓了一百萬的閱讀人口時，同樣對當地報業生態造成影響。

傳統主流報紙面臨讀者逐漸老化困境時，瑞典報業集團則是強調，免費報七成左右閱聽人年齡在四十五歲以下，這也是廣告主眼中最有潛力的目標市場，受到閱聽人閱讀習慣改變的衝擊，俄國默斯科也在二○○四年十月發行了第一張地鐵報。

亞洲最早的免費報於二○○○年在新加坡成立，發行量最大的免費報市場則在韓國，根據Asia Media二○○四年七月報告指出，韓國六家免費報發行量總計逾二百萬份，二○○四年統計也顯示，韓國傳統主流報紙發行量則是下滑25%。

台灣免費報一路坎坷

對比各國免費報發展，台灣從一九八八年的世新大學《破報》，與《自立晚報》二○○○年的《台北捷運報》等免費報的蹣跚起步，受限印量發行、編採人力與經濟規模，這幾年來各類型的免費報相繼創刊，一路坎坷，氣候難成，迄今仍難系統培養閱聽人的閱讀習慣。

台灣傳統主流報紙，受到尼爾森閱讀率調查影響，各報社每年送出的贈閱報總計曾達五十萬份，但是這和非主流的免費報概念仍有不小的差距。

「普立茲獎」，一個無法預知的榮耀授與，正如《維拉麥特周報》在得獎隔日所刊載感言上所說的：「三十年來，計算不出有類似我們這樣的媒體曾獲此殊榮，但三十年來，卻可以計算出我們是多麼的用心與努力。」

台灣免費報市場仍處於待開發階段，現在就等待伯樂揮汗撒種，效法《維拉麥特周報》精神，耕耘一份有品質的另類媒體。

第肆章

兩岸三地媒體生態

一、中國，只有一種聲音

中國媒體擺盪在經濟崛起與政治閉鎖，自主性深陷困境。

〈Media Watch媒體觀察─箝制下的媒體〉

（編按）中國媒體生態，看似蓬勃發展、競爭激烈，但是眾聲喧嘩的背後，中國卻是只有一種聲音，這也是何以不少國際新聞組織會指責中國媒體是在北京政府箝制指導下進行採訪工作。

「三二六」，台灣百萬人站出來向中國嗆聲，全球聚焦、媒體矚目，活動結束次日，北京電視及報刊統一口徑，援引新華社評論員文章，「警惕台獨分裂勢力製造兩岸新的緊張」，並以「遊行引發島內各界批評」做為基調，負面評述台灣三二六大遊行。

中國這樣滿懷敵意的反應，原在意料之中，但令人好奇的是，當中國媒體擺盪在經濟崛起與政治閉鎖的兩極氛圍，媒體的自主性似仍深陷困境，難以掙脫。

根據二〇〇二年官方統計，中國平面媒體，定期發行的各類型報紙有二千一百三十七家，定期發行的各類期刊雜誌有九千零二十九家，平面媒體人員總計有七十五萬人。電子媒體部分，電視台有三百五十八家，廣播有三百零三家，電視電台有三十七家，縣市級電視電台有一千三百七十五家，平均每日電視播出時數二萬二千二百六十小時，電台播出時數二萬一千三百七十八小時，電子媒體人員總計有五十萬人。

檢視數字龐大的中國媒體生態，看似蓬勃發展、競爭激烈，但是眾聲喧嘩的背後，中國卻是只有一種聲音，一切依循黨與國

家指導，政治正確成為媒體經營總綱。

思想箝制，緊控媒體報導

中共中宣部日前公布新聞編採人員管理新辦法，要求所有記者編輯必須堅守馬克思列寧主義、毛澤東思想、鄧小平理論和三個代表，擁護共產黨領導，做好新聞報導工作，目的在緊縮意識形態控制，箝制媒體不准做出負面報導。

這樣的宣示，對台灣新聞工作者而言，如同回到二十年前報禁經驗，令人難以置信與接受。

面對言論緊縮的逆流，北大副教授焦國標，即批駁中國政府「不能像修理動物那樣的管制思想。」

當北京「寄希望於台灣人民」之際，首須解除對內的媒體宰制，停止言論的壟斷勒索，重新反思馬克思在「評普魯士最近的書報檢查令」之論述精神。

馬克思在一八四二年向德國俾士麥政府提出要求，取消報刊檢查制度，馬克思認為自由是人類的基本權利，報刊是個人精神存在的普遍方法，所以報刊應反映社會輿論和群眾利益，突破輿論引導，真正自由的報刊應當捍衛真理、主持正義、勇敢鬥爭，思想上要獨立，行動上要勇敢。

馬克思的媒體觀，似未能啟發中南海的領導人，一仍舊貫的反動背離馬克思所標舉的解放精神，中國一直憂心媒體改革失控，恐致政權鬆動，擔心陷入「一死就放，一放就活，一活就亂，一亂就收，一收又死」的循環。

透過政治力的主導形塑，中國媒體集團化的發展，一直是部分台灣媒體欣羨仿效的對象，各省市的集團高廈，豪華的如同五星級飯店，集團組織龐大，子公司儼如八爪章魚，深及各個產業。

媒體報導，寧左勿右

中國媒體朝市場化發展，民生娛樂新聞報導內容開放、圖像豐富、版面活潑，與台灣媒體表現不遑多讓，但是面對嚴肅政治議題，則須感測政策水溫，自我檢驗，以致限縮訊息，淪入刻板詮釋，使得決策品質常是落後台灣民情變化。

面對三二六遊行，中國媒體諷刺嘲弄式的報導，永遠都省略了一樁不被提及論辯的事實：百萬台灣人上街頭，除了因為中國制定反分裂法之外，還有七百枚飛彈正瞄準著台灣這個和平之島。

中國儘管媒體百家爭鳴，但當面對政治議題與意識指涉時，常是寧左勿右，詮釋狹隘，媒體無法反映民意，選擇表達贊成或反對的意見。

「中國，只有一種聲音」，北京如果無法跨出一言堂式的獨斷威權，一仍舊調，宣傳連自己都無法相信的所謂「善意」，豈非自欺欺人。

二、中國輿論戰踢到鐵板

千萬不要輕忽人民力量，這樣的力量是可以迫使強權讓步。

〈Media Watch媒體觀察—People's Power〉

（編按）兩岸三地政治情勢常是一夕數變，北京幕後主導董建華下台這樣的一齣戲，不只香港人不相信，台灣人也難輕信這樣的一國兩制模式，更何況中國的和戰兩手策略，更難獲取信任。

中國十屆全國人大三次會議，十四日上午表決通過「反分裂國家法」，印尼記者協會會長艾迪下午即傳來電子郵件表達關切，不少國際媒體也都針對兩岸未來發展，第一時間的做出分析報導。

事實上，中國為了推動其所標榜的此一「和平法律」，積極進行全球輿論宣傳，並寄希望於台灣媒體，結果適得其反。此一戰爭法案，不但嚴重傷害兩岸先前所營造的和緩氛圍，喪失多數的台灣民意，更引來多數的台灣與國際媒體的負面評價與質疑。

為反制反分裂法，陳水扁總統也以香港為例，號召百萬台灣人站出來，為即將登場的遊行蓄積動員能量，以提高三二六大遊行的國際能見度。陳總統以香港人抗議基本法第二十三條，五十萬人上街頭為例，強調香港人口不到台灣三分之一，為了反制反分裂法，難道一百萬人做不到。

事實上，九七年後的香港處境，一直是台灣人所關心的一面鏡子。

香港當年的五十萬人上街頭，反對第二十三條立法行動，在

媒體動員與港人自覺情境下，震撼北京中南海，人民力量迫使強權讓步的做法，贏得舉世讚譽。

中國擅採兩手策略

但是香港記者協會二〇〇四年報也透露，北京中央嘗試主導香港的政制發展，首先發起有害無益的愛國論爭議，令香港社會分化，又抨擊民主派人士借民主為幌子，掩飾推動香港獨立之類的不愛國圖謀，最後斷然封殺港人的民主訴求，否決香港在二〇〇七年和二〇〇八年實行普選。

這從中國批准董建華以健康因素辭去香港特首職務，卻又兩手策略的強調，「中央政府將堅定不移貫徹一國兩制、港人治港、高度自治方針」等前倨後恭的言辭可見一斑。

北京幕後主導這樣的一齣戲，不只香港人不相信，台灣人也難輕信這樣的一國兩制模式。香港媒體即指出，中國國家副主席曾慶紅，早已著手安排替換香港特首作業，以讓胡錦濤與溫家寶可以集中心力處理反分裂國家法。

事實上，在董建華宣佈辭去行政長官之際，中共已指示各涉港部門，做好特首補選工作，各部門紛派人員赴港進行秘密調查與準備，以穩定香港政局。

中國的策略佈局，已形同宣告香港一國兩制的失敗，正如陸委會所說的，這正是台灣人無法信任中國的原因，因為「反分裂法」所顯示的「和平穩定、交流對話、維持現狀」都是虛假口號，而「武力併吞、破壞現狀」才是真正目的。

這也使得中國期待透過輿論戰，為反分裂法定調的做法，踢到鐵板，難遂其願。

同樣的場景，中國外交部官員，去年則是要求香港媒體應

該扮演好「對社會有利的角色」，香港記協回應表示，香港所面臨的各項問題，主要都在於中央政府和民主派本身在思想上、行為上和邏輯上的差距所造成，香港媒體只不過是反映了這樣的差距。

中國政府箝制新聞言論，緊縮媒體空間，鞏固一黨專政。「無疆界記者組織」即指出，迄去年止，中國總共監禁了二十七位記者和六十二位網路記者，中國已成為全世界最大的記者監獄。

▍言論自由成了當權者的施予

國際記者保護組織，則是呼應中國部分新聞工作者的期待，呼籲給予記者獨立、專業的媒體人角色。但從北京政府持續限縮政治言論的做法，這樣的要求不啻緣木求魚。

香港記協指出，言論自由和民主其實是相輔相成的，沒有民主，香港市民所享有的言論自由以及新聞自由，將不再是理所當然的，頂多只是一種由當權者賜予和容忍下所享有的自由。

諾貝爾經濟學獎得主沈恩在其所著「經濟發展與自由」一書中指出，毛澤東面對「大躍進」的政策失誤，在一九六二年面對七千名高幹談話時，也贖罪坦承，「沒有了民主，你們根本不會瞭解下面發生了什麼事，情勢將混沌不明，你們無法集思廣益，上下不能溝通。上層的領導班子只能依靠單方面且不正確的資料來進行決策。」

但是毛澤東似乎並未從自己的談話中獲取教訓，中國的各級領導人，迄今對新聞自由與民主的打壓同樣也未曾稍減。台灣人對這樣的共產政權，似乎也難有太多的期待。

有人說，對於惡行，沈默就是犯罪，默認就是幫凶。面對中

三、媒體漠視天下事

台灣國際視野打不開，究竟是哪裡出了問題。

〈Media Watch媒體觀察─視野短淺〉

（前言）多數台灣媒體在市場成本考慮下，對於第三世界的報導甚少著墨，自我設限的結果，也窄化了台灣人的國際視野。連台積電董事長張忠謀都深有所感的提到，「希望台灣的報紙能增加國際新聞報導」。

過去一段時間以來，政治新聞社會化、社會新聞綜藝化、綜藝新聞八卦化，劇情高潮迭起，讓人眼花撩亂。使得台灣新聞媒體持續受到社會檢視、怒斥，閱聽人的不滿聲浪似越形高漲。

國際新聞僅佔9.1％

可能很少有人知道台灣的非洲貧困友邦馬拉威，為了挽救女童教育落差與性別歧視所做的努力。可能也很難想像，今年在世界衛生大會上大力支持台灣的甘比亞，對台灣捐助解決女童就學率的七十萬美金是如何地心存感激。

不少台灣人對這兩個窮朋友認識有限，包括筆者在內，可能終老一生也很難有機會踏上這塊黑色土地，但這並不代表我們不想瞭解他們。

除了少數電視台有限度的第三世界報導以外，多數台灣媒體都在市場成本考慮下，讓這樣的內容自動消失，自我設限的結果，也窄化了台灣人的國際視野。

《紐約時報》董事長兼發行人沙茲伯格，六月初應《聯合報》邀請來台訪問，出席讀者座談會時，台積電董事長張忠謀即

深有所感的提到，「希望台灣的報紙能增加國際新聞報導」。

這樣的要求並不是第一次提出，但是媒體常是以沒有收視率、沒有發行量、閱聽人不喜歡等理由逕行搪塞。

事實上，即使連俄羅斯政府，都已著手籌設二十四小時英語播出的衛星電視台「今日俄國」，一來為自己的政策辯護，二來也提供全球觀眾俄國人的新聞觀點。這個號稱「俄國BBC」的衛星電視台，每年編列三千萬美金預算，預計今年年底前開播。

台灣自從一九六二年第一家電視台開播伊始，就有製播「具有中國人／台灣人觀點的國際新聞」的主張，藉以脫離西方媒體箝制，但這樣的口號喊了四十年，至今仍在原地踏步。

依據廣電基金所公布年度電視新聞定期觀察，這項在去年三至六月，以十二家電視台晚間七點時段新聞為主的報告，在國際新聞部分，量化研究結果，令人毫不意外，國際新聞僅佔各台總播出則數的9.1%。

依賴西方媒體台灣媒體改革路遙

眾所皆知，台灣各家電視台的國際新聞，長期依賴西方媒體，來源包括：AP、SNTV、Reuter、CNN、CBS、ABC、TBS，新聞選材則多以影劇流行、趣味八卦為主。

這樣的發展，似乎符合新加坡總理李顯龍所預示的台灣新聞指標，台灣媒體過度專注內部問題，較少報導世界所發生的事情，譬如說北韓、伊拉克。李顯龍遺憾台灣媒體渲染和錯誤報導新聞，指責媒體信口開河、思想偏狹，藉機拉抬收視率與閱報率。

面對媒體已成台灣亂源的事實，此一說法，令人難以反駁。

雖然，電視台國際新聞取材角度可加辯證，但資源配置失

當所導致的製播困境，如果無法解決，這樣的爭論恐永難找到答案。

英國BBC在二〇〇四年及二〇〇五年節目政策報告中強調，BBC的目標之一，就在提供全球觀眾最可信賴的國際新聞，以及建構英國文化的全球櫥窗功能。

BBC這樣的目標，所依恃的是英國人民集體力量下的資源配置。

以台灣各家電視台單一駐外採訪點，平均一年二名記者的採訪費與薪資粗估必須四百萬新台幣，駐外記者津貼也要二百萬元，約略就要六百萬元左右，今天多數電視台面臨經營困境，這樣的支出也是能省則省。

西方媒體的國際新聞供稿，每天分為早午晚三個時段，每次三十分鐘畫面，投入資源驚人，國內媒體除非有效整合，否則企圖依靠任一單一媒體，製播「具有台灣觀點的國際新聞」恐都將流於空想。

以AP（美聯社）為例，一九九八年起分別收購WTN、英國ITN和澳洲Channel 9，正式改制為美聯社電視新聞網，並從全球六十七國的八十三個分社以衛星向全球傳輸電視新聞。Reuters（路透社）則是在一九九二年收購維氏電視新聞（Visnews），建立起布局八十多國的電視新聞網，同樣是透過衛星，每天向全球傳輸新聞畫面。

▍國際新聞還要等多久？

西方媒體定時定量供稿國內電視台，所投注的成本相當可觀，對比台灣媒體在海外部署單一採訪點，不定時的二到三分鐘新聞畫面，不但效益有限，且負荷不起的景況觀察，即可知其中

困難，這也是各家電視台被迫大幅削減海外採訪預算的原因。

這些年來，政府頻頻宣示南進投資、加入聯合國等主張，但是國人對亞洲鄰國，除了消費觀光與經濟落後的刻板印象以外，對東南亞不僅陌生，更近乎漠視。對聯合國認知，也因台灣處境艱難，一般人除了口號呼應，對此一國際組織也是所知有限。

事實上，製播「具有台灣人觀點的國際新聞」，知易行難，如果政府與媒體難獲共識，進行有效資源配置與整合，可能再過四十年，台灣的電視媒體仍將必須依賴西方媒體的新聞餵養。

四、自己與自己的戰爭

傳統媒體必須警醒，究竟該如何面對聰明的閱聽人。

〈Media Watch媒體觀察─台灣媒體Shape Image〉

（編按）有人說，現在的台灣新聞工作已是夕陽產業，內外交困、動輒得咎、處境艱辛，不但社會信任度持續下滑，閱聽人監督組織更是蓬勃成立，眾聲喧嘩，齊聲不滿，面對困境，我們該仔細思考如何進行自我改造。

「電視糟糕，報紙爛透。」

這是臧否美國媒體現況的一位讀者，投書《華盛頓郵報》時，評論新聞表現當中的一句話，讀者出發點在鼓勵《華盛頓郵報》、《紐約時報》等美國主流媒體，當面對市場惡性競爭、發行下滑等負面衝擊與侵蝕時，能夠堅持質報格局，重新形塑閱聽人對新聞言論的信心。

台灣媒體市場一如美國，同樣面臨著激烈的挑戰。

這一個月來，政治新聞社會化、社會新聞綜藝化、綜藝新聞八卦化，劇情高潮迭起，讓人眼花撩亂，新聞媒體持續受到社會檢視、怒斥，閱聽人的不滿聲浪似未緩解，反倒越形高張。

其中，有因為報導內容、有因為版面配置、有因為標題呈現、有因為採訪技巧，也有因為媒體各擁立場所致，原因不一而足，但是，不滿媒體表現卻是一致共識。

爭取收視，口味加重

這樣的情形，似與社會治安惡化，政府無計可施的窘境相仿，媒體人所背負的「新聞亂象」標籤迄難脫卸，部分媒體似已

陷入笑罵由人、唾面自乾的困局。

部分媒體工作者表示，現在的台灣新聞工作已是夕陽產業，內外交困、動輒得咎、處境艱辛，不但社會信任度持續下滑，閱聽人監督組織更是蓬勃成立，眾聲喧嘩，齊聲不滿，媒體為爭取收視率與閱讀率，新聞口味也是越加越重，使得新聞正確性與公正性更加受到質疑。

諷刺的是，今天的台灣新聞環境，媒體與閱聽人似乎是站在對抗的兩個極端，彼此嗆聲，缺乏交集，媒體彷彿可以脫離閱聽人而獨存卻不以為意。

相激相盪的結果，新聞工作者備感煎熬，編採原則與製播方向失焦、錯置，部分人面對社會上持續不斷的指責，常自陷「刺激——反應」的僵化循環，失去耐性、感到疲倦，不願正視與反思媒體責任，媒體自戀建構思維模式：「獲利成為擴大社會影響力的重要指標」，如此思維，似與社會期待存在一段不小的落差。

現在的媒體版面，八卦充斥難見大幅改善，名流緋聞成了收視保證，新聞內容少了正面、激勵的啟示，代之以負面、灰暗的沉淪，部分新聞工作者並不諱言，禁止自己的孩子在家看電視新聞或是閱讀「不良」報刊，理由是「這樣的媒體有害身心健康」。

很難想像在這樣的新聞產製流程下，所製播的竟是「公害」內容，也很難想像，閱聽人不會因此而氣憤難平。當「另類媒體」聲勢鵲起，閱聽人可以自我滿足於及時、正確的個人化資訊時，傳統媒體即必須警醒如何面對聰明的閱聽人，如何掌握媒體改造的「時機」。

華郵價值，值得借鑑

美國資深媒體人麥克蓋勒即指出，這樣的「時機」是掌握在具有良好專業訓練與經驗的第一線記者手上，也掌握在能夠兼顧記者報導與公眾權益的守門編輯手上。

《華盛頓郵報》與《紐約時報》的內容品質，一直是台灣媒體工作者所追求的精神標竿，兩報也時刻省思、堅持質報格局，不願妥協於商業壓力下，這正是台灣媒體所一直欠缺的核心價值，也許正如美國漫畫工作者華特凱利所說的：「我們所遭遇的敵人，不是別人，正是我們自己。」

五、中國資源戰爭的新態勢

中國，已無可避免將持續成為全球媒體關注的焦點。

〈Media Watch媒體觀察─媒體與能源〉

（編按）二○○四年，中國每日石油消耗量為五百七十萬桶，但是石油儲存量只佔全球2%，年產石油只有一點八億噸的中國，二○○五年全年消耗量將是二點五億噸，預估二○二○年將需要二十八億噸，如此吞食能源的巨獸，實令人忐忑難安。

最近幾個星期，國際油價受到預期心理影響，從去年底的每桶四十二美元飆漲到五十七美元，直逼六十美元大關。油國組織秘書長阿南（Adnan），月初接受科威特日報（Al-Qabas）訪問時預示，油價未來二年不排除到達八十美元的新高水準。

高油價發展趨勢，受到全球媒體一致關注，因為除了氣候異常與人為炒作等結構性原因，中國因素已成為推動原油需求大增的重要觸媒。

分析指出，中國經濟的崛起與原油價格上漲，緊密連動，富比士線上即指出，中國已成為僅次於美國的第二大原油進口國，今年的進口量將較去年再成長二成，這已觸動各國的敏感神經。

美國中央情報局長高斯，三月十七日針對中國反分裂法在參院聽證會上即指出，北京政府持續擴增軍力，一在迫使台海軍力失衡，另一目的，即在確保戰略資源管道的暢通，為可能的區域衝突預做準備。

油價持續上揚，同樣影響到台灣經濟，受到油價帶動原物料成長，使得企業獲利緊縮，通膨壓力再起，中油公司二月份石化行情報告指出，全球原油產出成長速度低於需求成長速度，供需

已屆臨界點。經濟學人報導，受到原油選擇權首次出現每桶一百美元履約價格衝擊，油價有可能再創新高。

中印競逐全球資源

身為全球第三大製造國的中國，二○○四年總計消耗全球50%的水泥、30%的煤炭，二○○四年鐵礦進口量更達到二點八億噸，超過日本成為世界第一大進口國。全球預估今年四月之後，國際煤礦與鐵礦價格將再呈倍數成長，中國則是預估今年鐵礦價格將再上漲71.5%。

這讓同樣處於能源困境的印度備感壓力，根據彭博社報導，印度雖然同屬全球發展最快的經濟體之一，但是七成石油都必須依靠進口。為此，印度嗆聲，將與中國競爭海外油源與各項資源，以維持經濟成長。

國際能源總署（International Energy Agency）預估，今年全球石油需求成長將創二十四年來的新高紀錄，平均需求總量將較二○○四年再成長1.8%。

二○○四年，中國每日石油消耗量為五百七十萬桶，但是石油儲存量只佔全球2%，年產石油只有一點八億噸的中國，二○○五年全年消耗量將是二點五億噸，預估二○二○年將需要二十八億噸，才能支應經濟成長需求，中國能源供給失衡，就算將全球年產總量三分之一的出口石油，大約十五億噸原油，全數供應中國，恐怕也難滿足需求。

探尋新油源，更成為中國經濟布局與外交圍堵台灣的手段之一，這也是何以台灣投資非洲查德石油探勘，幾近拍板之際，卻遭北京橫加阻擾，使得單純的商業契約演變成外交角力。

此外，中國新華社的報導也指出，哈薩克油氣資源潛

力巨大，是前蘇聯僅次於俄羅斯的第二大產油國，石油儲量五百四十億桶，天然氣探明儲量六十五兆至七十兆立方英尺；土庫曼和烏茲別克兩國的天然氣資源也非常可觀，其中土庫曼斯坦是中亞最大的天然氣國家，世界排名第五。

因此，確保這些國家做為中國能源保障的重點供應區，就成為首要之務。

美國地球政策研究所（Earth Policy Institute）上月報告指出，中國已超過美國，成為全球最大農產品和工業品消費國，汽車擁有量與美國差距不到10%。但是數據也顯示，中國每生產一美元GDP的能源耗損是歐美國家的五點六倍，耗電量則分別是美國的四倍及日本的十一倍。

中國能源虛耗、效率低落

北京政府在政協、人大兩會期間即坦承，中國經濟結構亟待調整，中國二〇〇四年的電力裝機容量為五千萬千瓦，但是，大規模限電情形仍頻頻發生，主因就是能源虛耗、效率低落所致。

也因為資源利用不當，使得中國能源和原物料供需嚴重不足，不擇手段爭取資源的結果，迫使全球必須嚴肅面對資源戰爭的威脅。

中國擁有龐大的土地與人口，消耗可觀的資源，當中國布局全球，利己排他的同時，無可避免的也將擴大與各國的緊張關係。中國的興衰起落，已無可避免將持續成為全球媒體關注的焦點。

六、記者需團結，團結真有力

集體談判，成為維護新聞專業策略之一。

〈Media Watch媒體觀察—Journalist and Business〉

（編按）新聞記者藉由集體行動所匯聚的力量，才是抗拒商業宰制的強力依侍，但這樣的集體力量卻常為媒體工作者所刻意輕忽，如何喚起媒體人的自我權力意識，已是新聞自由發展的當務之急。

針對鴻海董事長郭台銘，因認為《工商時報》記者曠文琪報導損及鴻海商業利益，向法院申請假扣押曠文琪財產三千萬元，台灣新聞記者協會積極聲援曠文琪，要求鴻海十二月十五日之前撤銷假扣押未獲回應，發起萬人連署，以保障新聞工作者免於恐懼的自由。

根據二○○○年皮優民調與哥大新聞評論合作，針對英國三百名新聞工作者所進行網路民調結果分析，受制於日增商業利益壓迫，超過四成的受訪者表示，在採訪過程當中，會進行自我新聞檢查，有三成的記者對於新聞內容如損及所屬媒體組織利益時，會選擇性不予報導，內容如觸及特定財團利益時，三分之一的受訪者也指出會受到來自上層主管的「關切」，近二分之一的人坦承，當報導內容與媒體利益衝突時，新聞價值常刻意遭到漠視。

財團支配發展方向

不可否認，這樣的情形也發生在當下的台灣，媒體為了利潤討好觀眾、財團與政客，追求發行量、收視率與收聽率，於是產

生選擇性的新聞再現與詮釋主張，局限並化約了報導內容。

事實上，在政府宣傳與媒體論述的刻版印象下，財團常是等同於台灣繁榮、進步與安定的基石，使得財團主張成為台灣近十年來的支配力量，也是全球化、自由化、私有化、取消管制等口號下的最大獲益者。

但美國經驗顯示，自一九七五年到一九九五年美國財富增加了六成，並未平均分配給大部分的人，卻被1％的人所壟斷。

當大多數記者為導正媒體亂象、為嚴守新聞專業倫理而努力之際，集體行動所匯聚的力量，才是抗拒商業宰制的強力依侍，但這樣的集體力量卻常為媒體工作者所刻意輕忽。

從國際記者聯盟（IFJ）所累積經驗當中，這樣的集體談判力量，事實上值得台灣新聞工作者借鏡，列舉最近所發生的數起個案即可窺知一二。

案例一：台灣記協組織於今年八月九日前往印尼聲援《TEMPO》雜誌，《TEMPO》是有著強烈批判性格的刊物，報導內容常因揭開政客與財團虛偽假面，而被視為眼中釘，《TEMPO》即因為記者在二〇〇三年三月一篇有關印尼財團涉嫌教唆縱火，焚燬平民市場，以利改建為高價商場的調查採訪，被控以報導不實遭到起訴，以及巨額民事賠償。

IFJ立即聲援印尼記協，啟動全球抗議機制，串聯包括台灣、日本、澳洲、德國、美國、英國等十餘國家記協組織，同步於八月十六日向印尼駐當地國使領館遞交抗議信，也對當時的總統梅加瓦蒂造成強大的國際壓力。

政商力量侵蝕新聞內容

案例二：烏克蘭總統大選引起舉世關注同時，十月二十八日

烏克蘭四十二名分屬不同電視台的記者宣布堅守新聞專業倫理，堅拒處理未經署名消息來源的新聞報導。

這樣的抗議連署，在兩天內擴及到十八家電視台的一百八十一名記者，集會行動提出兩點主張，強調將抗議任一電視台解僱連署記者的行為，其次是大選期間，對於執政當局阻止報導群眾抗議、軍警侵害人權等相關新聞內容，連署記者聲明將採取反制行動，這項被譽為「勇氣200」的行動，在IFJ以及烏克蘭記者團體努力下，記者的集體力量終於迫使烏克蘭政府妥協讓步。

政商力量正逐漸侵蝕限縮新聞報導內容，根據香港記協二〇〇四年年報指出，香港越來越多媒體在處理香港與中央關係議題上，更多採納北京立場和支持一個中國理念，這和媒體務實態度與顧及打進中國市場所帶來的利益相關。香港的例子正在台灣發酵，不少台灣媒體與財團正循溯香港模式，不遺餘力箝制新聞自由、窒息公共領域，對媒體工作者而言，這是所有人都必須正視的警訊。

最後或可引借台灣先賢蔣渭水先生所言「同胞需團結，團結真有力」做為建構共識的努力目標，即「記者需團結，團結真有力」，畢竟無法形塑團結有力，以及工會組織形態的自主性新聞專業團體，曠文琪將不會是新聞界的最後一起個案。

七、安南與中國因素

突破國際困境，仍有漫漫長路要走。

〈Media Watch媒體觀察──UN Struggle〉

（編按）不管是東協消極的回應，或是安南倨傲的回答，都可看到中國藉由一個中國主張，遂行台灣與國際政治隔離的宰制痕跡，但不論是生活在這個美麗之島的台灣人民，或是媒體工作者都不應輕易低頭認輸

二十六個國家及國際組織領袖日前齊集印尼首都雅加達，召開「東協國家領袖地震、海嘯災後特別高峰會」，台灣出錢出力協助救災，卻被國際高峰會峻拒門外，不少人對此感到氣憤難平，認為還不如將五千萬美元捐款與各項物資濟助國內孤貧。

電視畫面上，看著台灣記者詢問聯合國秘書長安南「這樣對待台灣的做法公平嗎」，安南則是要記者去問主辦單位，不耐的要求讓下一位記者發言，冷冷的互動，看是突兀卻不意外。

不管是東協消極的回應，或是安南倨傲的回答，都可看到中國藉由一個中國主張，遂行台灣與國際政治隔離的宰制痕跡。

要求台灣低調配合，引發不滿

類似的場景，讓人想起一九九九年五月參加紐約「聯合國地球論壇」大會時的不快經驗，會前，聯合國官員即表示，希望台灣媒體代表能夠配合議事討論保持低調，以免引起中國的不悅。

當天會議在聯合國二樓的「託管理事會」議事廳舉行，現場及時向全球轉播，除了安南發表專題演說，並接受各國媒體提問外，會議主題則是鎖定：科索夫、伊拉克、安格拉與中東戰事，

討論有關人權、區域和平與安全議題，媒體代表並與部份會員國駐聯合國大使舉行圓桌研討會。

「聯合國地球論壇」會議進行當中，當台灣媒體代表發言請問安南，有關台灣與中國問題，以及台灣加入聯合國議題時，安南則以「No Comment」一語帶過，當台灣代表要再接續詢問時，則被安南惡意制止，輪由黎巴嫩代表發言，這樣的屈辱感覺到今天仍記憶猶新。

會後，聯大代表宴會廳上，台灣與中國媒體代表各坐一方，彼此冷淡對應，一場應是難得的饗宴卻是味同嚼蠟。

這場地球論壇會議，中國因素明顯左右了安南發言，也影響了聯合國與台灣媒體的互動機會。

去年十一月在漢城舉行的「二○○四東亞記者論壇」會議，計有二十國六十代表與會，這個會議緣起於「韓國記協」於二○○三年十月所籌設舉行，目的在團結亞太地區記者組織，促進此一地區之新聞自由發展。

但是，此次會議原意應為各國記者組織的專業經驗交流，卻意外引發台灣與中國對於「台灣」記者協會的名稱爭議，為了究應冠以「台灣」、「中華台北」或是「中國台北」稱謂，彼此對抗角力，這樣的爭執一直到結束晚宴上仍持續上演，在台灣與會者抗議發言下，不只主辦單位尷尬，中國代表更是難堪，但這樣的互動方式，卻是我們與會時所始料未及的。

中國打壓，毫不妥協

無論是一九九九年的「聯合國地球論壇」，抑或「二○○四年的東亞記者論壇」，中國因素都同樣的影響了高度專業自主的媒體會議進行。

　　而從日前台北市長馬英九香港行的受挫，即可看出中國的打壓動作，並不會因為台灣是綠色執政或是藍色執政而有任何改變。

　　面對兩岸緊繃關係，希冀中國釋放對台灣的善意眼神也不啻緣木求魚。

　　面對國際現實，實力原則才是突破困局的唯一手段，如果台灣能夠發揮一如猶裔美人的凝聚力與影響力，各界菁英能夠集思貢獻，彰顯台灣民主成就，透過民間力量伸出友誼之手，將可有效突破國際困境。

八、新聞自由與香港經驗

北京政府緊縮媒體報導空間，毫不手軟。

〈Media Watch媒體觀察—Press Freedom〉

（編按）一個兩制下的香港，已有越來越多媒體在處理香港與中共中央關係議題上，更多採納北京立場和支持一個中國理念……。

香港的城市經驗、商業創意、新聞自由，曾經都是台灣各專業領域取經學習的對象，但自一國兩制實施以來，七年來的香港經驗，對台灣人民似已缺乏足夠吸引力，關鍵即在於香港新聞自由活力正快速消褪當中。

《亞洲周刊》最新一期內容披露，中國國家主席胡錦濤出訪拉丁美洲，出席智利舉行的亞太經合會時訂出規定，「香港媒體不准提問」，港府新聞處官員更警告，未經同意不准向胡錦濤提問，否則將被取消採訪資格，沒收證件，在禁令下，港媒只有噤聲，胡錦濤也對等候在旁的港媒視而不見。

在中央與地方的不對等關係下，中國對港媒的傲慢早在意料之中。畢竟，北京建政以來，箝制媒體的立場從未曾手軟，對港媒更是逐步收攏、管制施壓，要求同一口徑更視為理所當然。

香港記協二〇〇四年年報以「北京加壓—香港表達自由受挫」為題指出，從香港言論自由遭到北京當局箝制，以迄愛國論爭議發生，已使得香港新聞自由空間受到大幅擠壓，根據港大民意研究計劃於十月十九日所公布的調查結果即顯示，對北京中央及港府表示不信任的受訪者，較兩個月前的調查分別下跌8%和12%。

中國因素，迫使港媒立場轉向

　　港協年報也預示，言論自由和民主相輔相成，沒有民主，言論自由與新聞自由將不再是理所當然，頂多只是一種由當權者所賜予和容忍下享有的自由。

　　香港記協年報中也指出，香港越來越多媒體在處理香港與中央關係議題上，更多採納北京立場和支持一個中國理念，這和媒體務實態度與顧及打進中國市場所帶來的利益相關，因為要進軍中國市場，即須更巧妙處理民主與台灣等敏感議題，港媒立場轉向，從港府官員率團赴中國內陸考察投資商機後已益為明顯。

　　中國對待台灣，尤有甚者，北京無所不用其極打壓台灣國際空間，包括台灣記者專業組織都成了中國壓迫的對象，中國代表常為了「中國」、「中華台北」與「台灣」等名稱使用而無禮抓狂，也使得兩岸緊繃關係糾結難解，種種現象都可從一國兩制下的「香港經驗」獲得借鏡。

　　中國對新聞箝制的手段，從《開放雜誌》最新一期報導中即可窺見一二，文章指出，中共總書記胡錦濤在今年九月中共十六屆四中全會閉幕會議中強調，「國內媒體打著政治體制改革的旗號宣傳西方資產階級議會民主、人權、新聞自由，散佈資產階級自由化觀點，否定四項基本原則，否定國體和政權。針對這種錯誤，絕不能手軟，要加強新聞輿論管理，不要給錯誤思想觀點提供渠道。」

　　九月二十九日中共中央宣傳部所下達最新文件，也提出二十九條不准報導的內容，包括農民上訪、土地拆遷、官民衝突等。中宣部明文向各地下達通知，要求各級報刊「不得擅自報導有關蓄意爆炸、暴動、示威及罷工事件」，只可發新華社的通稿。

　　中共中央更強調管理意識形態的重要性，要學習古巴和朝鮮，朝鮮經濟雖然遇到暫時困難，但政治上是一貫正確的。

中國思維，強硬僵化

　　受制於北京領導人強硬態度，使得中國新聞工作者也是處於受迫窘況，據統計，中國迄今仍有四十二名新聞記者身陷牢獄，國際記者保護組織即指出，中國持續監禁新聞記者的行為，已可預見中國人民將更難獲取新聞報導自由與表達不同意見的權利。

　　事實上，中國一味固守僵化思維，持續遏阻中國、香港民主與新聞自由發展，如今更以民族大義之名召喚台灣，在可見的未來，中國是不會停止打壓台灣的粗暴做法，期待北京主動釋放善意眼神更不啻緣木求魚。

九、包機直航與新聞價值

媒體主導議題設定，全民一片直航熱，新聞真偽值得進一步檢視。

〈Media Watch媒體觀察─Agenda Setting〉

（編按）面對部分媒體直航熱，設若台灣新聞報導將包機直航意象與兩岸發展劃上樂觀的等號，恐顯得過於簡化與偏差。更何況，閱聽人是否全面而無條件的支持也應進行多元討論。

　　兩岸包機直航在一月二十九日上午九點二十七分，中國南方航空降落中正機場的那一刻起正式揭開序幕，對兩岸關係未來發展，這都是一件值得新聞界重視的大事，但當部分國際輿論反應這是中國營造兩岸和平的成果時，台灣媒體在平衡報導與告知責任上，似有值得進一步討論的空間。

　　面對包機直航新聞報導，台灣部分電子媒體與平面媒體，不但開闢新聞時段或是十餘版面的特刊呈現，內容也多為「兩岸突破」、「歷史一刻」、「雞啼春曉」等正面論述與評價，彷彿全民都迷陷於一股直航熱當中，包括中國政協主席賈慶林前一天的對台喊話，以及中國長期對台歧視與壓迫做法好似都已煙消雲散。

　　中國媒體除以「兩岸同胞情」、「中國釋善意」、「祖國展誠意」等內容報導之外，仍不忘強調「臺灣當局難脫意識形態桎梏」、「北京堅持一個中國立場」等持續寄望於台灣人民的新聞論述。

媒體形塑文化符碼

同一新聞事件，兩岸同一天的報導內容仍存在明顯差異。

自一九九八年以來，兩岸限縮於政冷經熱局面，閱聽人的兩岸意象常是透過媒體的各式文化符碼加以形塑，除做為測試兩岸發展的溫度計外，更是個人詮釋與建構兩岸關係的想像來源。

兩岸包機直航新聞當中，台灣部分主流媒體處在套設的正面表述中，包機新聞就在這些預設框架中報導，缺乏對等篇幅提醒閱聽人，中國對台敵意與矮化做法，並不會因為包機直航的成行而改變，事實上，包機直航已成為北京宣傳「一個中國」的最佳時機。

無疑的，設若台灣新聞報導將包機直航意象與兩岸發展劃上樂觀的等號，恐顯得過於簡化與偏差。因為包機直航新聞，已不只是報導建構，還牽涉到內容詮釋，攸關兩岸關係探討的書寫與詮釋新聞報導論述的權力意涵，特別是所建構的兩岸意象，都將成為台灣閱聽人集體想像與集體記憶的認同焦點，並藉由社會結構與媒體傳播而重複強化，對此，媒體即必須慎思所呈現內容意涵的影響力。

中共總書記胡錦濤在二○○四年九月中共十六屆四中全會閉幕會議中強調，「要加強新聞輿論管理，不要給錯誤思想觀點提供渠道」。台灣媒體在新聞採訪過程中，是否該深思在中國這樣敲鑼打鼓，利用包機直航換取國際認同的宣傳背後，新聞媒體在中國所扮演的工具性角色當中，台灣媒體是不是過於一頭熱，淪為其中的一枚棋子卻不自覺。

根據紐約人權觀察組織「二○○四年世界人權報告」指出，中國官方對新聞媒體的箝制以及對言論自由的種種限制，已使得中國侈言的改革行動深受破壞。

▌詮釋再現引導議題走向

　　此外，當中國二〇〇五年新聞出版改革政策，強調嚴控影音製品、電子出版物和網路出版物，啟動「二十四小時網路出版內容實時動態審讀監管」機制之際，台灣部分媒體工作者對於兩岸所處的競爭環境認知有限，以致經由媒體所形塑的集體記憶、詮釋再現的記憶主體，潛藏著可能的誤解而不自知，報導內容勢將左右閱聽人態度與立場。

　　香港新聞記者協會二〇〇四年年報，即以「北京加壓─香港表達自由受挫」為題指出，從香港言論自由遭到北京當局箝制，以迄愛國論爭議發生，已使得香港新聞自由空間受到大幅擠壓。港協年報也預示，言論自由和民主相輔相成，沒有民主，言論自由與新聞自由將不再是理所當然，頂多只是一種由當權者所賜予和容忍下享有的自由。

　　也許正如香港新聞記者協會所指出，當中國政權所表現出來的新聞價值，是對民主化與自由價值的頑抗時，台灣新聞工作者也應該再省思，針對這次包機直航，我們所給予閱聽人的報導內容是否已經足夠、平衡與完整。

十、公共編輯的他山之石

當記者成了社會對立與矛盾的亂源時,必須建立一套防弊機制。

〈Media Watch媒體觀察—Ombudsman〉

(編按)公共編輯角色,主要責任在報導來自讀者的抱怨,以及編輯台的錯誤,這是重新建立閱聽人對媒體信任度的可行辦法之一。

最近的幾件新聞事件,記者本身成了受害人,但也成了加害者。

首先是電視攝影記者採訪台北市重慶北路發生的國光號客運撞死人的車禍意外,遭死者家屬踹傷,警方則是以警力護衛不及,造成記者受傷,表達遺憾。

其次是立委高金素梅率領高砂義勇隊赴日本靖國神社要迎祖靈,隨行採訪的電視記者受到日本右翼分子與警方粗暴對待,引起媒體的不滿與抗議。

最後,就是迄今仍爭論不休的王育誠「腳尾飯事件」,記者透過新聞畫面的重複播出與散佈,造成民眾恐慌、商家損失,最後證實整件事都是模擬造假。

三件新聞當中,有人為記者抱不平,也有人批評記者成了社會對立與矛盾的亂源,部分閱聽人質疑,實在很難想像在這樣的新聞產製流程下,製播的竟是添油加醋後遭到扭曲的內容,也很難想像,閱聽人不會因此而氣憤難平。

世新大學日前所公布的「二○○五媒體風雲排行榜」民調結果,在電視、報紙、網路、雜誌、廣播等五大媒體中,七成八的

受訪者認為電視媒體相信度最高，七成一表示新聞來源主要為電視，八成七表示電視是最重要的媒體。

對比美國的經驗似乎也是如此，電視仍是閱聽人的最愛，即使到今天，透過電視新聞「魔彈」威力，迄今全美仍有三分之一的人，依舊相信伊拉克擁有大規模毀滅性武器，雖然事實並非如此，但是媒體的訊息認知，仍令閱聽人的刻板印象難以改變。

▎挽回閱聽人 重制編輯準則

紐約時報最近的報導即指出，美國有60%的人不相信新聞報導內容。

台灣閱聽人可能也很難想像，美國21%年輕人的新聞來源，竟然是電視的喜劇脫口秀節目。

為了提升閱聽人對媒體的信任度，美國公共電視台最近即宣布將更新「編輯準則」，以及一九八七年重訂的節目政策，另並邀請六位學者專家組成推荐委員會，成立直接對公視總經理負責的公共編輯（Ombudsman），以降低可能遭人垢病的政治偏頗等情形的發生。

事實上，美國平面媒體的境遇也並不理想，全美報業協會（NAA）統計顯示，排名全美第四大報的《洛杉磯時報》，週一至週六版的發行量下滑了6.5%，為九十萬八千份，洛時姐妹報《芝加哥論壇報》，發行量則是五十七萬份，也下滑了6.6%。

面對此一困境，洛時在本月中宣布，將推出網路互動式言論版，任何閱聽人都可積極參與，上傳個人觀點，洛時最主要的目的，就是希望藉此提振閱聽人對媒體的信心。

發行量僅微幅上升0.2%，大約是一百一十萬份的《紐約時報》，同樣面臨讀者閱讀習慣改變，以及對紐時不信任的窘況

當中。

　　這可能也正是紐時董事長沙茲柏格日前應聯合報邀請來台，針對記者Jayson Blair製造假新聞一事，提出設置公共編輯的主張，以挽回讀者為主要目的。

　　《紐約時報》的公共編輯角色，主責在報導來自讀者的抱怨，以及編輯台的錯誤，並針對《紐約時報》所刊載的內容進行檢討。

公共編輯，重塑媒體公信力

　　沙茲柏格受訪坦承，《紐約時報》的讀者來自四面八方，他們是一個群體，必須設置一個公共編輯，以擔任讀者的代表，而且報社必須賦予這個代表權威性，才能代表這些的讀者。

　　三年前，新聞局換照委員會，要求各家無線台的電視節目最後，都必須打上觀眾服務電話專線的圖卡，被動接受觀眾的意見反應，以做好無線台的公共服務角色。今天在面對閱聽人對媒體轉型的期待時，媒體經營層或可借鏡國外經驗，考慮增設公共編輯，以重拾台灣閱聽人對媒體的信心。

十一、台灣之音

中國已透過「落地策略」，逐步進入美國政經中樞，台灣策略為何？

〈Media Watch媒體觀察—Taiwan vs. China〉

（編按）陳水扁總統在二〇〇二年「三芝會議」中提出「台灣之音」構想，究竟落實了幾分，成效又有多少。面對中國在國際傳播上的逐步進逼，台灣除了要有落實台灣之音的具體做法之外，還必須要集思廣益尋求多元的配套策略。

中國通過「反分裂國家法」，引發各國不滿與抨擊，北京除派員出訪滅火，並透過媒體動員積極進行國際傳播，以免費提供海外華文媒體新聞資訊及節目方式，擴大海外政治宣傳。如今在國民黨主席連戰即將前往中國進行八天七夜訪問之際，中國也以「國共領導人六十年來首度對話」進行國際宣傳。

根據政府部門報告指出，中國除提供新華社、中新社免費新聞資訊予海外媒體，中國中央電視台（CCTV）海外頻道，也提供中英文節目予海外近百家電視台播放，並結合美國第二大衛星傳播系統，向全美播放中國十七個電視頻道製播節目。

中國官方資料也指出，新華社在海外擁有百餘家分社，每天以中、英、法、西、俄、阿、葡七種文字，二十四小時向世界各地發送新聞，每日發稿量五十萬字。

中國積極布建落地策略

標舉「要讓中國的聲音傳向世界各地」的中國中央電視台海外廣播（CCTV9），自二〇〇一年開始海外宣傳計畫，透過「落

地策略」，逐步進入美國的政經中樞——華府、紐約與洛杉磯的有線頻道，也透過直播衛星進入一百九十萬的家庭。此外，上海衛視播送範圍也可達到日本、澳洲；西藏衛視可覆蓋尼泊爾與外蒙古等地。

統計也指出，中國國際廣播電台使用四十三種語言進行對外宣傳，每天播音總時數一百九十二小時，目前已在歐美十二個主要國家廣播。

面對中國強勢國際廣播，台灣似應對整合乏力，對此，我們再一次檢視同樣標舉新聞自由、政治民主的普世價值，並與台灣同時間為建立國際廣播而努力的法國現況，做為借鏡。

法國國際廣播頻道（International Information Channel）蹣跚整合三年，即將開播，此一二十四小時的衛星頻道，從二〇〇二年規劃籌設，朝野爭論迄今，終於將在二〇〇五年或至遲在二〇〇六年對全球播出，首播地點即鎖定美國紐約，因為在法國政府眼中，紐約是全球外交主戰場，同時也是聯合國總部所在地。

這個標榜法國應「發出自己聲音」（France needed to raise its own voice）的國際頻道，整合了法國電視、法國廣播、法新社等媒體逾二百名新聞專業人員，每年編列三千萬歐元預算，目的在競爭抗衡英國BBC及美國CNN向全球所提供的新聞資訊源（Battle of Footage）內容，總統席哈克說的很清楚，這是為了提高法國外交地位（raise the country's diplomatic profile）。

最後僅援引戈登（Johan Galtung, 1971）「中心—邊緣結構」（Center－Periphery Structure）概念，檢視法國總統席哈克，堅持建構法國國際廣播所做的努力，即可瞭解即使在「中心—邊緣」結構中，處於中心地位的法國，都會憂心被「英美帝國勢力」迫處邊緣地帶。當台灣面對中國內外圍擊與國際宣傳優勢

國家圖書館出版品預行編目

媒體與政治 / 何國華著. -- 一版.
臺北市：秀威資訊科技, 2005 [民 94]
面 ； 公分. -- 參考書目：面
ISBN 978-986-7263-90-2（上冊；平裝）
1. 媒體政治學

541.83016   94022010

 社會科學類　PF0010

媒體與政治(上)

作　　者 / 何國華
發 行 人 / 宋政坤
執行編輯 / 李坤城
圖文排版 / 莊芯媚
封面設計 / 羅季芬
數位轉譯 / 徐真玉　沈裕閔
圖書銷售 / 林怡君
網路服務 / 徐國晉
出版印製 / 秀威資訊科技股份有限公司
　　　　　台北市內湖區瑞光路 583 巷 25 號 1 樓
　　　　　電話：02-2657-9211　　　傳真：02-2657-9106
　　　　　E-mail：service@showwe.com.tw
經 銷 商 / 紅螞蟻圖書有限公司
　　　　　台北市內湖區舊宗路二段 121 巷 28、32 號 4 樓
　　　　　電話：02-2795-3656　　　傳真：02-2795-4100
　　　　　http://www.e-redant.com

2006 年 7 月 BOD 再刷
定價：220 元

讀　者　回　函　卡

感謝您購買本書，為提升服務品質，煩請填寫以下問卷，收到您的寶貴意見後，我們會仔細收藏記錄並回贈紀念品，謝謝！

1.您購買的書名：＿＿＿＿＿＿＿＿＿＿＿＿＿＿＿＿

2.您從何得知本書的消息？

　　□網路書店　　□部落格　　□資料庫搜尋　　□書訊　　□電子報　　□書店

　　□平面媒體　　□ 朋友推薦　　□網站推薦　□其他＿＿＿＿＿＿

3.您對本書的評價：(請填代號　1.非常滿意 2.滿意 3.尚可 4.再改進)

　　封面設計＿＿　　版面編排＿＿　　內容＿＿　　文/譯筆＿＿　　價格＿＿

4.讀完書後您覺得：

　　□很有收獲　　□有收獲　　□收獲不多　　□沒收獲

5.您會推薦本書給朋友嗎？

　　□會　　□不會，為什麼？＿＿＿＿＿＿＿＿＿＿＿＿＿＿＿＿

6.其他寶貴的意見：＿＿＿＿＿＿＿＿＿＿＿＿＿＿＿＿

＿＿＿＿＿＿＿＿＿＿＿＿＿＿＿＿＿＿＿＿＿＿

＿＿＿＿＿＿＿＿＿＿＿＿＿＿＿＿＿＿＿＿＿＿

＿＿＿＿＿＿＿＿＿＿＿＿＿＿＿＿＿＿＿＿＿＿

讀者基本資料

姓名：＿＿＿＿＿＿＿＿＿　年齡：＿＿＿　性別：□女　□男

聯絡電話：＿＿＿＿＿＿＿　E-mail：＿＿＿＿＿＿＿＿

地址：＿＿＿＿＿＿＿＿＿＿＿＿＿＿＿＿＿＿＿＿＿

學歷：□高中(含)以下　　□高中　　□專科學校　　□大學

　　　□研究所(含)以上 □其他＿＿＿＿＿＿＿

職業：□製造業 □金融業 □資訊業 □軍警 □傳播業 □自由業

　　　□服務業 □公務員 □教職　□學生 □其他＿＿＿＿

To：114

台北市內湖區瑞光路 583 巷 25 號 1 樓

秀威資訊科技股份有限公司　　　收

寄件人姓名：

寄件人地址：□□□

(請沿線對摺寄回,謝謝!)

秀威與 BOD

BOD（Books On Demand）是數位出版的大趨勢，秀威資訊率先運用 POD 數位印刷設備來生產書籍，並提供作者全程數位出版服務，致使書籍產銷零庫存，知識傳承不絕版，目前已開闢以下書系：

一、BOD 學術著作—專業論述的閱讀延伸
二、BOD 個人著作—分享生命的心路歷程
三、BOD 旅遊著作—個人深度旅遊文學創作
四、BOD 大陸學者—大陸專業學者學術出版
五、POD 獨家經銷—數位產製的代發行書籍

BOD 秀威網路書店：www.showwe.com.tw
政府出版品網路書店：www.govbooks.com.tw

永不絕版的故事・自己寫・永不休止的音符・自己唱